建筑施工特种作业人员培训教材

高处作业吊篮安装拆卸工

建筑施工特种作业人员培训教材编委会　组织编写

中国建筑工业出版社

图书在版编目（CIP）数据

高处作业吊篮安装拆卸工/建筑施工特种作业人员培训教材编委会组织编写. —北京：中国建筑工业出版社，2019.7（2022.8 重印）
建筑施工特种作业人员培训教材
ISBN 978-7-112-23875-0

Ⅰ.①高… Ⅱ.①建… Ⅲ.①建筑施工-高空作业-安全培训-教材 Ⅳ.①TU744

中国版本图书馆 CIP 数据核字（2019）第 122734 号

本书是高处作业吊篮安装拆卸工培训教材。本书详细介绍了高处作业吊篮安装拆卸工应掌握的基本知识与操作规范等内容，书中配图丰富，语言通俗易懂。本书分为两部分，共八章。第一部分为公共基础知识，包括职业道德、建筑施工特种作业人员和管理、建筑施工安全生产相关法规及管理制度、建筑施工安全防护基本知识、施工现场消防基本知识、施工现场应急救援基本知识；第二部分为专业基础知识，包括高处作业吊篮安装拆卸工专业基础、高处作业吊篮安装拆卸工专业技术。本书可作为相关岗位人员培训教材，也可供相关专业技术人员参考。

责任编辑：葛又畅　李　明　李　杰
责任校对：张　颖

建筑施工特种作业人员培训教材
高处作业吊篮安装拆卸工
建筑施工特种作业人员培训教材编委会　组织编写
*
中国建筑工业出版社出版、发行（北京海淀三里河路 9 号）
各地新华书店、建筑书店经销
北京红光制版公司制版
北京建筑工业印刷厂印刷
*
开本：850×1168 毫米　1/32　印张：3¾　字数：105 千字
2019 年 10 月第一版　　2022 年 8 月第二次印刷
定价：**16.00** 元
ISBN 978-7-112-23875-0
（34129）

建筑施工特种作业人员
培训教材编委会

主　　任：高　峰

副 主 任：王宇旻　陈海昌

委　　员：金　强　朱利闽　朱　青　刘钦燕　张丽娟

　　　　　陈晓苏　马　记　曹　俊　杜景鸣　查继明

　　　　　高海明　周保建　樊路军　李朝蓬　王尚龙

　　　　　张鹏程　何红阳

本书编审委员会

主　　编：杜景鸣

编写成员：温锦明

(本系列教材公共基础知识编写成员：金　强　朱利闽

　朱　青　刘　辉)

审　　稿：许　刚

前　言

《中华人民共和国安全生产法》规定："生产经营单位的特种作业人员必须按照国家有关规定经专门的安全作业培训，取得相应资格，方可上岗作业"。建筑施工特种作业人员是指在房屋建筑和市政工程施工活动中，从事可能对本人、他人及周围设备设施的安全造成重大危害作业的人员。作为建设行业高危工种之一，其从业直接关系建筑施工质量安全，直接关系公民生命、财产安全和公共安全。

为进一步紧贴建筑施工特种作业人员职业素质和适岗能力的实际需要，编写委员会组织编写了《建筑电工》《建筑架子工》《附着式升降脚手架架子工》《建筑起重信号司索工》等24个工种的系列教材。该套教材既是相关工种培训考核的指导用书，又是一线建筑施工特种作业人员的实用工具书。

本套教材在编写过程中，得到了江苏省相关专家和部门的大力支持，在此一并表示感谢！因编者水平有限，难免会存在疏漏和不足之处，真诚希望广大同行和读者给予批评指正。

编者

二〇一九年五月

目 录

第一部分 公共基础知识

第一部分　公共基础知识

第一章　职业道德

第一节　道德的含义和基本内容

1. 道德的含义

道德是一种社会意识形态，是人们共同生活及其行为的准则与规范。

意识形态除了道德以外，还包括政治、法律、艺术、宗教、哲学和其他社会科学等，是对事物的理解、认知，对事物的感观思想，是观念、观点、概念、思想、价值观等要素的总和。如：对生命的认识和观点；对金钱物质的看法等。

道德往往代表着社会的正面价值取向，起到判断行为正当与否的作用。道德是以善恶为标准，通过社会舆论、内心信念和传统习惯来评价人的行为，调整人与人之间以及个人与社会之间相互关系的行动规范的总和。

2. 道德与法纪的关系

遵守道德是指按照社会道德规范行事，不做损害他人的事。遵守法纪是指遵守纪律和法律，按照规定行事，不违背纪律和法律的规定条文。法纪与道德既有区别也有联系，它们是两种重要的社会调控手段。

（1）法纪属于社会制度范畴，而道德属于社会意识形态范畴。道德侧重于自我约束，是行为主体"应当"的选择，依靠人们的内心信念、传统习惯和社会舆论发挥其作用，不具有强制力；而法纪则侧重于国家或组织的强制手段，是国家或组织制定和颁布，用以调整、约束和规范人们行为的权威性规则。

（2）遵守法纪是遵守道德的最低要求。道德一般又可分为两类：第一类是社会有序化要求的道德，是维系社会稳定所必不可少的最低限度的道德，如不得暴力伤害他人、不得用欺诈手段谋取利益、不得危害公共安全等；第二类是那些有助于提高生活质量、增进人与人之间紧密关系的原则，如博爱、无私、乐于助人、不损人利己等。第一类道德有时也会上升为法纪，通过制裁、处分或奖励的方法得以推行。而第二类道德是对人性较高要求的道德，一般不宜转化为法纪，需要通过教育、宣传和引导等手段来推行。法纪是道德的演化产物，其内容是道德范畴中最基本的要求，因此遵纪守法是遵守道德的最低要求。

（3）遵守道德是遵守法纪的坚强后盾。首先，法纪应包含最低限度的道德，没有道德基础的法纪，是无法获得人们的尊重和自觉遵守的。其次，道德对法纪的实施有保障作用，"徒善不足以为政，徒法不足以自行"，执法者职业道德的提高，守法者的法律意识、道德观念的加强，都对法纪的实施起着推动的作用。再者，道德又对法纪有补充作用，有些不宜由法纪调整的，或本应由法纪调整但因立法的滞后而尚"无法可依"的，道德约束往往就起到了必要的补充作用。

3. 公民道德的基本内容

公民道德主要包括社会公德、职业道德、家庭美德及个人品德四个方面。

（1）社会公德。公德是指与国家、组织、集体、民族、社会等有关的道德，社会公德是社会道德体系的社会层面，是维护社会公共生活正常进行的最基本的道德要求，是全体公民在社会交往和公共生活中应该遵循的行为准则，涵盖了人与人、人与社会、人与自然之间的关系。以文明礼貌、助人为乐、爱护公物、保护环境、遵纪守法为主要内容的社会公德，旨在鼓励人们在社会上做一个好公民。

（2）职业道德。职业道德是人们在职业生活中应当遵循的基本道德，是职业品德、职业纪律、专业能力及职业责任等的总称，它通过公约、守则等对职业生活中的某些方面加以规范。职业道德涵盖了从业人员与服务对象、职业与职工、职业与职业之间的关系；它既是对从业人员在职业活动中的行为要求，又是本行业对社会所承担的道德责任和义务。以爱岗敬业、诚实守信、办事公道、服务群众、奉献社会为主要内容的职业道德，旨在鼓励人们在工作中做一个好的建设者。

（3）家庭美德。家庭美德是调节家庭成员之间、邻里之间以及家庭与国家、社会、集体之间的行为准则，也是评价人们在恋爱、婚姻、家庭、邻里之间交往中的行为是非、善恶的标准。以尊老爱幼、男女平等、夫妻和睦、勤俭持家、邻里团结为主要内容的家庭美德，旨在鼓励人们在家庭生活里做一个好成员。

（4）个人品德。个人品德是一定社会的道德原则和规范在个人思想和行为中的体现，是一个人在其道德行为整体中所表现出来的比较稳定的、一贯的道德特点和倾向。个人品德是每个公民个人修养的体现，现代人应树立关爱、善待和宽厚的理念，对他人、对社会、对自然有关爱之心、善待之举和宽厚情怀。个人品德的内容包括很多，比如正直善良、谦虚谨慎、团结友爱、言行一致等。

社会公德、职业道德、家庭美德、个人品德这四个方面是一个有机的统一体，其外延由大到小，内涵由浅到深，共同构成一个完善的道德体系。在"四德"建设中，人的能动性及个人品德建设是至关重要的，个人品德的修养是树立道德意识、规范言行举止、建设和谐家庭、做好模范工作、维护社会和谐的基础。只有个人具备优良品德修养才能由己及人，才能由己及家庭、集体和社会。正确处理个人与社会、竞争与协作、经济效益与社会效益等关系，树立尊重人、理解人、关心人的理念，发扬社会主义人道主义精神，提倡为人民为社会多做好事、体现社会主义制度优越性、促进社会主义市场经济健康有序发展的良好道德风尚。

党的十八大对未来我国道德建设也做出了重要部署。强调依法治国和以德治国相结合，加强社会公德、职业道德、家庭美德、个人品德教育，弘扬中华传统美德，倡导时代新风，指出了道德修养的"四位一体"性。十八大报告中"推进公民道德建设工程，弘扬真善美、贬斥假恶丑，引导人们自觉履行法定义务、社会责任、家庭责任，营造劳动光荣、创造伟大的社会氛围，培育知荣辱、讲正气、作奉献、促和谐的良好风尚"，强调了社会氛围和社会风尚对公民道德品质的塑造；"深入开展道德领域突出问题专项教育和治理，加强政务诚信、商务诚信、社会诚信和司法公信建设"，突出了"诚信"这个道德建设的核心。

第二节　职业道德的基本特征和主要作用

1. 职业道德的概念

职业道德是指所有从业人员在职业活动中应该遵循的行为准则，是一定职业范围内的特殊道德要求，即整个社会对从业人员的职业观念、职业态度、职业技能、职业纪律和职业作风等方面的行为标准和要求。

职业道德是随着社会分工的发展，并出现相对固定的职业集团时产生的，人们的职业生活实践是职业道德产生的基础。特定的职业不但要求人们具备特定的知识和技能，而且要求人们具备特定的道德观念、情感和品质。各种职业集团，为了维护职业利益和信誉，适应社会的需要，从而在职业实践中，根据一般社会道德的基本要求，逐渐形成了职业道德规范。

职业道德是对从事这个职业所有人员的普遍要求，它不仅是所有从业人员在其职业活动中行为的具体表现，同时也是本职业对社会所负的道德责任与义务，是社会公德在职业生活中的具体化。每个从业人员，不论是从事哪种职业，在职业活动中都要遵守职业道德，如现代中国社会中教师要遵守教书育人、为人师表的职业道德，医生要遵守救死扶伤的职业道德，企业经营者要遵守诚实守信、公平竞争、合法经营的职业道德等。

具体来讲，职业道德的含义主要包括以下八个方面：

（1）职业道德是一种职业规范，受社会普遍的认可。

（2）职业道德是长期以来自然形成的。

（3）职业道德没有确定的形式，通常体现为观念、习惯、信念等。

（4）职业道德依靠文化、内心信念和习惯，通过职工的自律来实现。

（5）职业道德大多没有实质的约束力和强制力。

（6）职业道德的主要内容是对职业人员义务的要求。

（7）职业道德标准多元化，代表了不同企业可能具有不同的价值观。

（8）职业道德承载着企业文化和凝聚力，影响深远。

2. 职业道德的基本特征

职业道德是从业人员在一定的职业活动中应遵循的、具有自身职业特征的道德要求和行为规范。职业道德具有以下几个特点：

（1）普遍性。从业者应当共同遵守基本职业道德行为规范，且在全世界的所有职业者都有着基本相同的职业道德规范。

（2）行业性。职业道德具有适用范围的有限性，每种职业都担负着一定的职业责任和职业义务，由于各种职业的职业责任和义务不同，从而形成各自特定的职业道德的具体规范。职业道德的内容与职业实践活动紧密相连，反映着特定职业活动对从业人员行为的道德要求。

（3）继承性。职业道德具有发展的历史继承性，由于职业具有不断发展和世代延续的特征，不仅其技术世代延续，其管理员工的方法、与服务对象打交道的方式，也有一定历史继承性。在长期实践过程中形成的职业道德内容，会被作为经验和传统继承下来，如"有教无类"、"学而不厌，诲人不倦"，从古至今都是教师的职业道德。

（4）实践性。一个从业者的职业道德知识、情感、意志、信念、觉悟、良心等都必须通过职业的实践活动，在自己的行为中表现出来，并且接受行业职业道德的评价和自我评价。

（5）多样性。职业道德表达形式多种多样，不同的行业和不同的职业，有不同的职业道德标准，且表现形式灵活。职业道德的表现形式总是从本职业的交流活动实际出发，采用诸如制度、守则、公约、承诺、誓言、条例等形式，以至标语口号之类来加以体现，既易于为从业人员所接受和实行，而且便于形成一种职业的道德习惯。

（6）自律性。从业者通过对职业道德的学习和实践，逐渐培养成较为稳固的职业道德品质，良好的职业道德形成以后，又会在工作中逐渐形成行为上的条件反射，自觉地选择有利于社会、有利于集体的行为，这种自觉就是通过自我内心职业道德意识、觉悟、信念、意志、良心的主观约束控制来实现的。

（7）他律性。道德行为具有受舆论影响的特征，在职业生涯中，从业人员随时都受到所从事职业领域的职业道德舆论的影响。实践证明，创造良好的职业道德社会氛围、职业环境，并通过职业道德舆论的宣传、监督，可以有效地促进人们自觉遵守职业道德，并实现互相监督，共同提升道德境界。

3. 职业道德的主要作用

在现代社会里，人人都是服务对象，人人又都为他人服务。社会对人的关心、社会的安宁和人们之间关系的和谐，是同各个岗位上的服务态度、服务质量密切相关的。在构建和谐社会的新形势下，大力加强社会主义职业道德建设，具有十分重要的作用。

（1）加强职业道德是提高职业人员责任心的重要途径

职业道德要求把个人理想同各行各业、各个单位的发展目标结合起来，同个人的岗位职责结合起来，以增强员工的职业观念、职业事业心和职业责任感。职业道德要求员工在本职工作中不怕艰苦，勤奋工作，既讲团结协作，又争个人贡献，既讲经济效益，又讲社会效益。加强职业道德要求紧密联系本行业本单位的实际，有针对性地解决存在的问题。

（2）加强职业道德是促进企业和谐发展的迫切要求

职业道德的基本职能是调节职能，一方面可以调节从业人员内部的关系，即运用职业道德规范约束职业内部人员的行为，促进职业内部人员的团结与合作，加强职业、行业内部人员的凝聚力；另一方面，职业道德又可以调节从业人员与服务对象之间的关系，用来塑造本职业从业人员的社会形象。

企业是具有社会性的经济组织，在企业内部存在着各种复杂的关系，这些关系既有相互协调的一面，也有矛盾冲突的一面，如果解决不好，将会影响企业的凝聚力。这就要求企业所有的员工具有较高的职业道德觉悟，从大局出发，光明磊落、相互谅解、相互宽容、相互信赖、同舟共济，而不能意气用事、互相拆台。企业内部上下级之间、部门之间、员工之间团结协作，使企业真正成为一个具有社会主义精神风貌的和谐集体。

（3）加强职业道德是提高企业竞争力的必要措施

当前市场竞争激烈，各行各业都讲经济效益，要求企业的经营者在竞争中不断开拓创新。但行业之间为了自身的利益，会产生很多新的矛盾，形成自我力量的抵消，使一些企业的经营者在竞争中单纯追求利润、产值，不求质量，或者以次充好、以假乱真，不顾社会效益，损害国家、人民和消费者的利益，企业得到的只能是短暂的收益，失去的是消费者的信任，也就失去了生存和发展的源泉，难以在竞争的激流中屹立不倒。在企业中加强职业道德使得企业在追求自身利润的同时，又能创造好的社会效益，从而提升企业形象，赢得持久而稳定的市场份额；同时，也使企业内部员工之间相互尊重、相互信任、相互合作，从而提高企业凝聚力，企业方能在竞争中稳步发展。

（4）加强职业道德是个人健康发展的基本保障

市场经济对于职业道德建设有其积极一面，也有消极的一面，它的自发性、自由性、注重经济效益的特性，导致一些人"一切向钱看"，唯利是图，不择手段追求经济效益，从而走入歧途、断送前程。提高从业人员的道德素质，树立职业理想，增强职业责任感，形成良好的职业行为，抵抗物欲诱惑，不被利欲所熏心，才能脚踏实地在本行业中追求进步。在社会主义市场经济条件下，只有具备职业道德精神的从业人员，才能在社会中站稳脚跟，成为社会的栋梁之材，在为社会创造效益的同时，也保障了自身的健康发展。

（5）加强职业道德是提高全社会道德水平的重要手段

职业道德是整个社会道德的主要内容，它一方面涉及每个从业者如何对待职业，如何对待工作，同时也是一个从业人员的生活态度、价值观念的表现，是一个人的道德意识和道德行为发展到成熟阶段的体现，具有较强的稳定性和连续性。另一方面，职业道德也是一个职业集体甚至一个行业全体人员的行为表现，如果每个行业、每个职业集体都具备优良的道德，那么对整个社会道德水平的提高就会发挥重要作用。

第三节　建设行业职业道德建设

1. 加强职业道德建设，践行社会主义核心价值观

"国无德不兴，人无德不立。"习近平总书记指出："核心价值观，其实就是一种德，既是个人的德，也是一种大德，就是国家的德、社会的德。"因此，"必须加强全社会的思想道德建设，激发人们形成善良的道德意愿、道德情感，培育正确的道德判断和道德责任，提高道德实践能力尤其是自觉践行能力，引导人们向往和追求讲道德、尊道德、守道德的生活，形成向上的力量、向善的力量。"培育社会主义核心价值观，首先要培植一种有益于国家、社会、他人的道德。

党的"十八大"提出，倡导富强、民主、文明、和谐，倡导自由、平等、公正、法治，倡导爱国、敬业、诚信、友善，积极

培育和践行社会主义核心价值观。富强、民主、文明、和谐是国家层面的价值目标，自由、平等、公正、法治是社会层面的价值取向，爱国、敬业、诚信、友善是公民个人层面的价值准则。"富强、民主、文明、和谐；自由、平等、公正、法治；爱国、敬业、诚信、友善"，这24个字是社会主义核心价值观的基本内容。践行社会主义核心价值观对于道德建设具有重要的指导意义，而加强道德建设又对践行社会主义核心价值观发挥着基础性作用，二者互有联系，相辅相成。

建设行业是社会主义现代化建设中的一个十分重要的行业。工厂、住宅、学校、商店、医院、体育场馆、文化娱乐设施等的建设，都离不开建设行为，它以满足人民群众日益增长的物质文化生活需要为出发点。建设行业职业道德是社会主义核心价值观、社会主义道德规范在建设行业的具体体现。

2. 结合建设行业特点和现实，加强职业道德建设

（1）职业道德建设的行业特点

以建设行业中建筑为例，专业多、岗位多、从业人员多且普遍文化程度较低、综合素质相对不高；条件艰苦，任务繁重，露天作业、高空作业，常年日晒雨淋，生产生活场所条件艰苦，安全设施落后和不足，作业存在安全隐患，安全事故频发；施工涉及面大，人员流动性强，四海为家，四处奔波，难以接受长期定点的培训教育；工种之间联系紧密，各专业、各工种、各岗位前后延续共同完成工程的建设；具有较强的社会性，一座建筑物，凝聚了多方面的努力，体现了其社会价值和经济价值。同时，随着国民经济的发展，建筑行业地位和作用也越来越重要，行业发展关乎国计民生。因此，对从业人员开展及时的、各类形式灵活多样的教育培训，提高道德素质、文化水平、专业知识和职业技能；结合行业特点，加强团结协作教育、服务意识教育和职业道德教育，一切为了社会广大人民和子孙后代的利益，坚持社会主义、集体主义原则，严谨务实，艰苦奋斗、多出精品优质工程，体现其社会价值和经济价值尤为重要。

（2）职业道德建设的行业现实

一个建筑物的诞生或一项工程的竣工需要有良好的设计、周密的施工、合格的建筑材料和严格的检验与监督。近几年来，出现设计结构不合理，计算偏差，不考虑相关因素的情况，埋下重大隐患；施工过程中秩序混乱；建筑材料伪劣产品层出不穷；金钱、人情关系扰乱工程安全质量监督，质量安全事故屡见不鲜。作为百年大计的工程建设产品，如果质量差，损失和危害将无法估量。例如5·12汶川地震中某些倒塌的问题房屋，杭州地铁坍塌，上海、石家庄在建楼房倒塌事件等。造成这些问题的因素很多，但是道德因素是其中最重要的因素之一。再如，面对激烈的市场竞争，一些建筑企业为了拿到工程项目，使用各种手段，其中手段之一就是盲目压价，用根本无法完成工程的价格去投标。中标后就在设计、施工、材料等方面做文章，启用非法设计人员搞黑设计；施工中偷工减料；材料上买低价伪劣产品，最终，使建筑物的"百年大计"大大打了折扣。因此，大力加强建设行业职业道德建设，营造市场经济良好环境，经济效益和社会效益并重尤为紧迫。

3. 建设行业职业道德要求

根据住房和城乡建设部发布的《建筑业从业人员职业道德规范（试行）》，对建筑从业人员共同职业道德规范要求如下：

（1）热爱事业，尽职尽责

热爱建筑事业，安心本职工作，树立职业责任感和荣誉感，发扬主人翁精神，尽职尽责，在生产中不怕苦，勤勤恳恳，努力完成任务。

（2）努力学习，苦练硬功

努力学文化，学知识，刻苦钻研技术，熟练掌握本工种的基本技能，练就一身过硬本领。努力学习和运用先进的施工方法，钻研建筑新技术、新工艺、新材料。

（3）精心施工，确保质量

树立"百年大计、质量第一"的思想，按设计图纸和技术规范精心操作，确保工程质量，用优良的成绩树立建筑工人形象。

（4）安全生产，文明施工

树立安全生产意识，严格安全操作规程，杜绝一切违章作业现象，确保安全生产无事故。维护施工现场整洁，在争创安全文明标准化现场管理中做出贡献。

（5）节约材料，降低成本

发扬勤俭节约优良传统，在操作中珍惜一砖一木，合理使用材料，认真做好落手清、现场清，及时回收材料，努力降低工程成本。

（6）遵章守纪，维护公德

要争做文明员工，模范遵守各项规章制度，发扬团结互助精神，尽力为其他工种提供方便。

4. 特种作业人员职业道德核心内容

（1）安全第一

坚持"生产必须安全，安全为了生产"的意识，严格遵守操作规程。操作人员要强化安全意识，认真执行安全生产的法律、法规、标准和规范，严格执行操作规程和程序，杜绝一切违章作业，不野蛮施工，不乱堆乱扔。

（2）诚实守信

诚实守信作为社会主义职业道德的基本规范，是和谐社会发展的必然要求，它不仅是建设领域职工安身立命的基础，也是企业赖以生存和发展的基石。操作人员要言行一致，表里如一，真实无欺，相互信任，遵守诺言，忠实地履行自己应当承担的责任和义务。

（3）爱岗敬业

爱岗就是热爱自己的工作岗位，敬业就是要用一种恭敬严肃的态度对待自己的工作。操作人员应当热爱本职工作，不怕苦、不怕累，认真负责，集中精力，精心操作，密切配合其他工种施工，确保工程质量，使工程如期完成。这是社会对每个从业者的要求，更应当是每个从业者对自己的自觉约束。

（4）钻研技术

操作人员要努力学习科学文化知识，刻苦钻研专业技术，苦练硬功，扎实工作，熟练掌握本工作的基本技能，努力学习和运用先进的施工方法，精通本岗位业务，不断提高业务能力。

（5）保护环境

文明操作，防止损坏他人和国家财产。讲究施工环境优美，做到优质、高效、低耗。做到不乱排污水，不乱倒垃圾，不影响交通，不扰民施工。

第二章 建筑施工特种作业人员和管理

第一节 建筑施工特种作业

1. 建筑施工特种作业概念

建筑施工特种作业人员是指在房屋建筑和市政工程施工活动中，从事对本人、他人的生命健康及周围设施的安全可能造成重大危害的作业人员。

特种作业有着不同的危险因素，《中华人民共和国安全生产法》规定：生产经营单位的特种作业人员必须按照国家有关规定经专门的安全作业培训，取得相应资格，方可上岗作业。

2. 建筑施工特种作业工种

（1）住房和城乡建设部《建筑施工特种作业人员管理规定》（建质〔2008〕75号）所确定的建筑施工特种作业人员包括：

1）建筑电工。

2）建筑架子工。

3）建筑起重信号司索工。

4）建筑起重机械司机。

5）建筑起重机械安装拆卸工。

6）高处作业吊篮安装拆卸工。

7）经省级以上人民政府建设主管部门认定的其他特种作业。

（2）《江苏省建筑施工特种作业人员管理暂行办法》（苏建管质〔2009〕5号），规定了江苏省的建筑施工特种作业人员包括：

1）建筑电工。

2）建筑架子工。

3）建筑起重信号司索工。

4）建筑起重机械司机。

5）建筑起重机械安装拆卸工。

6）高处作业吊篮安装拆卸工。

7）建筑焊工。

8）建筑起重机械安装质量检验工。

9）桩机操作工。

10）建筑混凝土泵操作工。

11）建筑施工现场场内机动车司机。

12）其他特种作业人员。

目前，江苏省又将"建筑施工现场场内机动车司机"细分为："建筑施工现场场内叉车司机""建筑施工现场场内装载机司机""建筑施工现场场内翻斗车司机""建筑施工现场场内推土机司机""建筑施工现场场内挖掘机司机""建筑施工现场场内压路机司机""建筑施工现场场内平地机司机""建筑施工现场场内沥青混凝土摊铺机司机"等。

第二节　建筑施工特种作业人员

按照国家住房和城乡建设部与江苏省建设行政主管部门的规定，从事建筑施工特种作业的人员应当取得建筑施工特种作业人员操作资格证书，方可上岗从事相应作业。

1. 年龄及身体要求

年满 18 周岁且符合相应特种作业规定的年龄要求。

近 3 个月内经二级乙等以上医院体检合格且无听觉障碍、无色盲，无妨碍从事本工种的疾病（如癫痫病、高血压、心脏病、眩晕症、精神病和突发性昏厥症等）和生理缺陷。

2. 学历要求

初中及以上学历。其中，报考建筑起重机械安装质量检验工（塔式起重机、施工升降机）的人员，应符合下列条件之一：

（1）具有工程机械（建筑机械）类、电气类大专以上学历或工程机械（建筑机械）类、电气类、安全工程类助理工程师任职资格，并从事起重机设计、制造、安装调试、维修、操作、检验工作2年及以上。

（2）具有工程机械（建筑机械）类、电气类中专、理工科（非起重专业）大专以上学历或工程机械（建筑机械）类、电气类、安全工程类技术员任职资格，并从事起重机设计、制造、安装调试、维修、操作、检验工作3年及以上。

（3）具有高中学历并从事起重机设计、制造、安装调试、维修、操作、检验工作5年及以上。

3. 考核要求

（1）报名

全省建筑施工特种作业人员考核、发证及管理系统集成在"江苏省建筑业监管信息平台2.0"上。建筑施工企业人员可由企业统一组织通过监管信息平台直接报名，非建筑施工企业人员向所在地考核基地报名，填报相应工种，经市县建设（筑）主管部门资格审查合格后，到经省建设行政主管部门认定的建筑施工特种作业考核基地，进行培训后参加考核。

凡申请考核、延期复核、换证的人员均须进行二代身份证信息和指静脉信息采集。采集入库的二代身份证和指静脉信息，将作为今后个人进行考核、延期复核、换证、查验的依据，如信息不吻合，将影响上述有关事项的办理。

企业可自行采集本企业申报人员二代身份证信息、指脉信息须由申报人员至考核基地进行现场采集。

（2）考核

建筑施工特种作业人员考核包括安全技术理论和安全操作技能。

考核内容分掌握、熟悉、了解三类。其中掌握即要求能运用相关特种作业知识解决实际问题；熟悉即要求能较深理解相关特种作业安全技术知识；了解即要求具有相关特种作业的基本知识。

（3）考核办法

1）安全技术理论考核。采用无纸化网络闭卷考试方式，考试时间为 2 小时，实行百分制，60 分为合格。其中，安全生产基本知识占 25%、专业基础知识占 25%、专业技术理论占 50%。

2）安全操作技能考核。采用实际操作（或模拟操作）、口试等方式，考核实行百分制，70 分为合格。

3）参考人员在安全技术理论考核合格后，方可参加实际操作技能考核。同一工种的实操考核时间不得早于理论考核时间，在实际操作技能考核合格后，可以取得相应的建筑施工特种作业人员操作资格。

4. 发证

（1）按照住房和城乡建设部《建筑施工特种作业人员管理规定》（建质〔2008〕75 号）的规定，考核发证机关对于考核合格的，应当自考核结果公布之日起 10 个工作日内颁发资格证书。资格证书采用国务院建设主管部门统一规定的式样，由考核发证机关编号后签发。资格证书在全国通用。

（2）江苏省建设行政主管部门从 2017 年下半年开始，试行发放"电子证书"。此项工作得到了住房和城乡建设部的同意。2017 年 10 月 18 日，江苏省政务服务管理办公室与省住房和城乡建设厅联合发文《关于启用住房城乡建设领域从业人员考核合格电子证书使用的有关通知》（省政务办发〔2017〕66 号），文件规定从 2017 年 12 月 1 日起，全面启用电子证书，停发同名纸质证书。根据《中华人民共和国电子签名法》规定，可靠的电子证书具备与同名纸质证书相同效力。省住房和城乡建设厅核发的电子证书，各地在公共资源交易、资质核准予以认可。

（3）电子证书样式（图 2-1）

建筑施工特种作业操作资格证书

岗位名称：XXXXXXXX

姓　　名：王XX

身份证号：XXXXXXXXXXXXXXXXXX

证书编号：苏XXXXXXXXXXXXX

有效期至：XXXX 年 XX 月 XX 日

照片

　　本电子证书由江苏省住房和城乡建设厅核发，本证书表明持证人通过江苏省建筑施工特种作业操作资格考核，成绩合格。

发证单位：江苏省住房和城乡建设厅

发证时间：XXXX 年 XX 月 XX 日

"江苏政务服务网-江苏已通了牌照证"协议

图 2-1　电子证书的样式

第三节　建筑施工特种作业人员的权利

1. 获得劳动安全卫生的保护权利

建筑施工特种作业人员有获得用人单位提供符合国家规定的劳动安全卫生条件和必要的劳动防护用品的权利；并且有要求按照规定获得职业病健康体检、职业病诊疗、康复等职业病防治服务的权利。

2. 对安全生产状况的知情、参与和建议的权利

建筑施工特种作业人员有获得所从事的特种作业，可能面临的任何潜在危险、职业危害，安全与健康可能造成的后果的知情

权；有参与判别和解决所面临的劳动安全卫生问题的权利；有对本单位的安全生产和劳动安全卫生工作建议的权利。

3. 接受职业技能教育培训的权利

建筑施工特种作业人员有接受职业技能教育和安全生产知识培训的权利，以获得对工作环境、生产过程、机械设备和危险物质等方面的有关安全卫生知识。

4. 拒绝违章指挥和强令冒险作业的权利

建筑施工特种作业人员在单位领导或者有关工程技术人员违章指挥，或者在明知存在危险因素而没有采取安全保护措施，强迫命令操作人员作业时，有拒绝工作的权利。

5. 危险状态下的紧急避险权利

在生产劳动过程中，当发现危及作业人员生命安全的情况时，作业人员有权停止工作或者撤离现场。

6. 安全生产活动的监督与批评、检举、控告和申诉的权利

建筑施工特种作业人员对用人单位遵守劳动安全卫生法律法规和标准，履行保护工人安全健康的责任的情况，有监督的权利。对用人单位违反劳动安全卫生法律法规和标准，不履行其责任的情况，作业人员有批评、检举和控告的权利。在劳动保护等方面受到用人单位不公正待遇时，作业人员有向有关部门提出申诉的权利。

对作业人员的检举、控告和申诉，建设行政主管部门和其他有关部门应当查清事实，认真处理，不得压制和打击报复。

用人单位不得因作业人员对本单位安全生产工作提出批评、检举、控告或者拒绝违章指挥、强令冒险作业及向有关部门提出申诉而降低其工资、福利等待遇或者解除与其订立的劳动合同。

7. 依法获得工伤保险的权利

生产经营单位必须依法参加工伤社会保险，为从业人员缴纳保险费。建筑施工企业必须为从事危险作业的职工办理意外伤害保险，支付保险费。当作业人员发生工伤事故时，有权依法获得相关保险的权利。

第四节　建筑施工特种作业人员的义务

1. 遵守有关安全生产的法律、法规和规章的义务

建筑施工特种作业人员在施工活动中，应当遵守有关安全生产的法律、法规和规章。遵守建筑施工安全强制性标准和用人单位的规章制度，严格按照操作规程操作，做到不违规作业，不违章作业。

2. 提高职业技能和安全生产操作水平的义务

建筑施工特种作业人员面对建筑施工活动中的复杂性和多样性，要不断提高职业技能水平。在未上岗之前应参加岗前技能培训和安全生产操作能力的培训，掌握安全操作知识和技能，取得相应合格证书后方可上岗工作。已在工作岗位上的人员，还必须经常性地参加有关教育培训，熟练掌握本工种的各项安全操作技能，不断提高职业技能和安全生产操作水平。

3. 遵守劳动纪律的义务

建筑施工特种作业人员应严格遵守用人单位的劳动纪律。劳动纪律是用人单位为形成和维持生产经营秩序，保证劳动合同得以履行，要求全体员工在集体劳动、工作、生活过程中以及与劳动、工作紧密相关的其他过程中必须共同遵守的规则。

4. 发现事故隐患和其他不安全因素，立即报告的义务

建筑施工特种作业人员在施工现场直接承担具体的作业活动，更容易发现事故隐患或者其他不安全因素，一旦发现事故隐患或者其他不安全因素，作业人员应当立即向现场安全生产管理人员或者本单位负责人报告，不得隐瞒不报或者拖延报告。如果作业人员发现所报告的事故隐患或者其他不安全因素得不到解决，作业人员也可以越级上报。

5. 完成生产任务的义务

建筑施工特种作业人员完成合理的生产任务是应尽的义务，也是取得劳动报酬的基本条件。作业人员在完成合理生产任务的前提下，还应该保证质量，争做生产劳动的积极分子，为企业经济效益、为社会财富的积累、为国家的发展做出自己应有的贡献。

第五节　建筑施工特种作业人员的管理

根据住房和城乡建设部的规定，省、自治区、直辖市人民政府建设主管部门或者其委托的考核机构负责本行政区域内建筑施工特种作业人员的考核工作。

1. 建设行政主管部门的管理职责

（1）省建设行政主管部门的管理职责

1）负责全省范围内建筑施工特种作业人员的考核监督管理工作。

2）研究制定特种作业人员执业资格考核标准、考核大纲，建立相应工种的试题库。

3）认证特种作业人员执业资格考核基地。

4）负责特种作业人员执业资格考核工作的师资教育培训，监督管理考核考务工作。

5）负责特种作业人员执业证书的颁发和管理。

6）负责特种作业人员统计信息工作。

7）其他监督管理工作。

（2）受委托的市、县建设（筑）主管部门的管理职责

1）负责本行政区域内特种作业人员的监督管理工作，制定本地区特种作业人员考核发证管理制度，建立本地区特种作业人员档案。

2）负责考核基地的初审和考评人员的日常管理。

3）负责特种作业人员考核工作的组织实施。

4）负责特种作业人员考核、延期复核、换证的市、县分级审核。

5）负责特种作业人员执业继续教育。

6）负责特种作业人员的统计信息工作。

7）监督检查特种作业人员的从业活动，查处违章行为并记录在档。

8）其他监督管理工作。

2. 用人单位的管理职责

（1）用人单位对于首次取得执业资格证书的人员，应当在其正式上岗前安排不少于 3 个月的实习操作。实习操作期间，用人单位应当指定专人指导和监督作业。实习操作期满经用人单位考核合格方可独立作业（所指定的专人应当从已取得相应特种作业资格证书、从事相关工作 3 年以上、无不良记录的熟练工中选取）。

（2）与持有效执业资格证书的特种作业人员订立劳动合同。

（3）制定并落实本单位特种作业安全操作规程和安全管理制度。

（4）书面告知特种作业人员违章操作的危害。

（5）向特种作业人员提供齐全、合格的安全防护用品和安全的作业条件。

（6）组织或者委托有能力的培训机构对本单位特种作业人员进行年度安全生产教育培训或者继续教育，时间不少于 24 小时。

（7）建立本单位特种作业人员管理档案。

（8）查处特种作业人员违章行为并记录在档。

（9）法律法规及有关规定明确的其他职责。

3. 特种作业人员应履行的职责

（1）严格遵守国家有关安全生产规定和本单位的规章制度，按照安全技术标准、规范和规程进行作业。

（2）正确佩戴和使用安全防护用品，并按规定对作业工具和设备进行维护保养。

（3）在施工中发生危及人身安全的紧急情况时，有权立即停止作业或者撤离危险区域，并向施工现场专职安全生产管理人员和项目负责人报告。

（4）自觉参加年度安全教育培训或者继续教育，每年不得少于24小时。

（5）拒绝违章指挥，并制止他人违章作业。

（6）法律法规及有关规定明确的其他职责。

4. 特种作业人员资格证书的延期

建筑施工特种作业人员执业资格证书有效期为2年。有效期满需要延期的，持证人员本人应当在期满前3个月内，向原市县考核受理机关提出申请，市县建设行政主管部门初审后，向省建设行政主管部门申请办理延期复核相关手续。延期复核合格的，证书有效期延期2年。

（1）特种作业人员申请资格证书延期复核，应当提交下列材料

1）延期复核申请表。

2）身份证（原件和复印件）。

3）近3个月内由二级乙等以上医院出具的体检合格证明。

4）年度安全教育培训证明和继续教育证明。

5）用人单位出具的特种作业人员管理档案记录。

6）规定提交的其他资料。

（2）特种作业人员在资格证书有效期内，有下列情形之一的，延期复核结果为不合格

1）超过相关工种规定年龄要求的。

2）身体健康状况不再适应相应特种作业岗位的。

3）对生产安全事故负有直接责任的。

4）2年内违章操作记录3次（含3次）以上的。

5）未按规定参加年度安全教育培训或者继续教育的。

6）规定的其他情形。

（3）市县建设（筑）行政主管部门在接到特种作业人员提交

的延期复核申请后，应当根据下列情况分别作出处理

1）对于不符合延期复核申请相关情形的，市县建设（筑）主管部门自收到延期复核资料之日起 5 个工作日内作出不予延期决定，并说明理由；

2）对于提交资料齐全且符合延期复审申请相关情形的，省建设行政主管部门自收到市县建设（筑）主管部门延期复核相关手续之日起 10 个工作日内办理准予延期复核手续。

（4）省建设行政主管部门应当在资格证书有效期满前按相关规定作出决定，逾期未作出决定的，视为延期复核合格。

5. 特种作业人员资格证书的撤销与注销

（1）省建设行政主管部门对有下列情形之一的，应当撤销资格证书

1）持证人弄虚作假骗取资格证书或者办理延期手续的。

2）工作人员违法核发资格证书的。

3）持证人员因安全生产责任事故承担刑事责任的。

4）规定应当撤销的其他情形。

（2）省建设行政主管部门对有下列情形之一的，应当注销资格证书

1）按规定不予延期的。

2）持证人逾期未申请办理延期复核手续的。

3）持证人死亡或者不具有完全民事行为能力的。

4）本人提出要求的。

5）规定应当注销的其他情形。

6. 特种作业人员管理的其他要求

（1）持有特种作业资格证书的执业人员，应当受聘于建筑施工企业或者建筑起重机械出租单位（以下简称用人单位），方可从事相应的特种作业。

（2）任何单位和个人不得非法涂改、倒卖、出租、出借或者以其他形式转让资格证书。

（3）特种作业人员变动工作单位，任何单位和个人不得以任

何理由非法扣押其执业资格证书。

（4）各地应当建立举报制度，公开举报电话或者电子信箱，受理有关特种作业人员考核、发证以及延期复核的举报。对受理的举报，有关机关和工作人员应当及时妥善处理。

第三章　建筑施工安全生产相关
法规及管理制度

第一节　建筑安全生产相关法律主要内容

《中华人民共和国宪法》规定：国家通过各种途径，创造劳动就业条件，加强劳动保护，改善劳动条件，并在发展生产的基础上，提高劳动报酬和福利待遇。

劳动是一切有劳动能力的公民的光荣职责。国有企业和城乡集体经济组织的劳动者都应当以国家主人翁的态度对待自己的劳动。国家提倡社会主义劳动竞赛，奖励劳动模范和先进工作者。

1.《中华人民共和国建筑法》相关内容

（1）建筑活动应当确保建筑工程质量和安全，符合国家的建筑工程安全标准。

（2）从事建筑活动应当遵守法律、法规，不得损害社会公共利益和他人的合法权益。

（3）建筑工程安全生产管理必须坚持安全第一、预防为主的方针，建立健全安全生产的责任制度和群防群治制度。

（4）建筑施工企业应当在施工现场采取维护安全、防范危险、预防火灾等措施；有条件的，应当对施工现场实行封闭管理。

施工现场对毗邻的建筑物、构筑物和特殊作业环境可能造成损害的，建筑施工企业应当采取安全防护措施。

（5）建筑施工企业应当遵守有关环境保护和安全生产的法律、法规的规定，采取控制和处理施工现场的各种粉尘、废气、废水、固体废物以及噪声、振动对环境的污染和危害的措施。

（6）建筑施工企业必须依法加强对建筑安全生产的管理，执行安全生产责任制度，采取有效措施，防止伤亡和其他安全生产事故的发生。

建筑施工企业的法定代表人对本企业的安全生产负责。

（7）施工现场安全由建筑施工企业负责。实行施工总承包的，由总承包单位负责。分包单位向总承包单位负责，服从总承包单位对施工现场的安全生产管理。

（8）建筑施工企业应当建立健全劳动安全生产教育培训制度，加强对职工安全生产的教育培训；未经安全生产教育培训的人员，不得上岗作业。

（9）建筑施工企业和作业人员在施工过程中，应当遵守有关安全生产的法律、法规和建筑行业安全规章、规程，不得违章指挥或者违章作业。作业人员有权对影响人身健康的作业程序和作业条件提出改进意见，有权获得安全生产所需的防护用品。作业人员对危及生命安全和人身健康的行为有权提出批评、检举和控告。

（10）建筑施工企业应当依法为职工参加工伤保险缴纳工伤保险费。鼓励企业为从事危险作业的职工办理意外伤害保险，支付保险费。

（11）施工中发生事故时，建筑施工企业应当采取紧急措施减少人员伤亡和事故损失，并按照国家有关规定及时向有关部门报告。

2.《中华人民共和国安全生产法》相关内容

（1）生产经营单位必须遵守本法和其他有关安全生产的法律、法规，加强安全生产管理，建立健全安全生产责任制和安全生产规章制度，改善安全生产条件，推进安全生产标准化建设，提高安全生产水平，确保安全生产。

（2）有关协会组织依照法律、行政法规和章程，为生产经营单位提供安全生产方面的信息、培训等服务，发挥自律作用，促进生产经营单位加强安全生产管理。

（3）国家实行生产安全事故责任追究制度，依照本法和有关法律、法规的规定，追究生产安全事故责任人员的法律责任。

（4）生产经营单位应当对从业人员进行安全生产教育和培训，保证从业人员具备必要的安全生产知识，熟悉有关的安全生产规章制度和安全操作规程，掌握本岗位的安全操作技能，了解事故应急处理措施，知悉自身在安全生产方面的权利和义务。未经安全生产教育和培训合格的从业人员，不得上岗作业。

（5）生产经营单位的特种作业人员必须按照国家有关规定经专门的安全作业培训，取得相应资格，方可上岗作业。

（6）生产经营单位应当建立健全生产安全事故隐患排查治理制度，采取技术、管理措施，及时发现并消除事故隐患。事故隐患排查治理情况应当如实记录，并向从业人员通报。

（7）承担安全评价、认证、检测、检验的机构应当具备国家规定的资质条件，并对其作出的安全评价、认证、检测、检验的结果负责。

（8）负有安全生产监督管理职责的部门应当建立举报制度，公开举报电话、信箱或者电子邮件地址，受理有关安全生产的举报；受理的举报事项经调查核实后，应当形成书面材料；需要落实整改措施的，报经有关负责人签字并督促落实。

（9）任何单位或者个人对事故隐患或者安全生产违法行为，均有权向负有安全生产监督管理职责的部门报告或者举报。

（10）新闻、出版、广播、电影、电视等单位有进行安全生产宣传教育的义务，有对违反安全生产法律、法规的行为进行舆论监督的权利。

3. 《中华人民共和国特种设备安全法》相关内容

（1）特种设备生产、经营、使用单位应当遵守本法和其他有关法律、法规，建立、健全特种设备安全和节能责任制度，加强特种设备安全和节能管理，确保特种设备生产、经营、使用安全，符合节能要求。

（2）任何单位和个人有权向负责特种设备安全监督管理的部门和有关部门举报涉及特种设备安全的违法行为，接到举报的部门应当及时处理。

（3）特种设备生产、经营、使用单位及其主要负责人对其生产、经营、使用的特种设备安全负责。

特种设备生产、经营、使用单位应当按照国家有关规定配备特种设备安全管理人员、检测人员和作业人员，并对其进行必要的安全教育和技能培训。

（4）特种设备安全管理人员、检测人员和作业人员应当按照国家有关规定取得相应资格，方可从事相关工作。特种设备安全管理人员、检测人员和作业人员应当严格执行安全技术规范和管理制度，保证特种设备安全。

（5）特种设备使用单位应当建立岗位责任、隐患治理、应急救援等安全管理制度，制定操作规程，保证特种设备安全运行。

（6）特种设备使用单位应当建立特种设备安全技术档案。

安全技术档案应当包括以下内容：

1）特种设备的设计文件、产品质量合格证明、安装及使用维护保养说明、监督检验证明等相关技术资料和文件；

2）特种设备的定期检验和定期自行检查记录；

3）特种设备的日常使用状况记录；

4）特种设备及其附属仪器仪表的维护保养记录；

5）特种设备的运行故障和事故记录。

（7）特种设备的使用应当具有规定的安全距离、安全防护措施。

（8）特种设备使用单位应当对其使用的特种设备进行经常性维护保养和定期自行检查，并作出记录。

特种设备使用单位应当对其使用的特种设备的安全附件、安全保护装置进行定期校验、检修，并作出记录。

（9）特种设备使用单位应当按照安全技术规范的要求，在检验合格有效期届满前一个月向特种设备检验机构提出定期检验要求。

特种设备检验机构接到定期检验要求后，应当按照安全技术规范的要求及时进行安全性能检验。特种设备使用单位应当将定期检验标志置于该特种设备的显著位置。

未经定期检验或者检验不合格的特种设备,不得继续使用。

(10)特种设备安全管理人员应当对特种设备使用状况进行经常性检查,发现问题应当立即处理;情况紧急时,可以决定停止使用特种设备并及时报告本单位有关负责人。

特种设备作业人员在作业过程中发现事故隐患或者其他不安全因素,应当立即向特种设备安全管理人员和单位有关负责人报告;特种设备运行不正常时,特种设备作业人员应当按照操作规程采取有效措施保证安全。

(11)特种设备出现故障或者发生异常情况,特种设备使用单位应当对其进行全面检查,消除事故隐患,方可继续使用。

(12)负责特种设备安全监督管理的部门在依法履行监督检查职责时,可以行使下列职权:

1)进入现场进行检查,向特种设备生产、经营、使用单位和检验、检测机构的主要负责人和其他有关人员调查、了解有关情况;

2)根据举报或者取得的涉嫌违法证据,查阅、复制特种设备生产、经营、使用单位和检验、检测机构的有关合同、发票、账簿以及其他有关资料;

3)对有证据表明不符合安全技术规范要求或者存在严重事故隐患的特种设备实施查封、扣押;

4)对流入市场的达到报废条件或者已经报废的特种设备实施查封、扣押;

5)对违反本法规定的行为作出行政处罚决定。

(13)特种设备使用单位应当制定特种设备事故应急专项预案,并定期进行应急演练。

(14)特种设备发生事故后,事故发生单位应当按照应急预案采取措施,组织抢救,防止事故扩大,减少人员伤亡和财产损失,保护事故现场和有关证据,并及时向事故发生地县级以上人民政府负责特种设备安全监督管理的部门和有关部门报告。

与事故相关的单位和人员不得迟报、谎报或者瞒报事故情况，不得隐匿、毁灭有关证据或者故意破坏事故现场。

4.《中华人民共和国劳动合同法》相关内容

（1）用人单位自用工之日起即与劳动者建立劳动关系。用人单位应当建立职工名册备查。

（2）用人单位招用劳动者时，应当如实告知劳动者工作内容、工作条件、工作地点、职业危害、安全生产状况、劳动报酬，以及劳动者要求了解的其他情况；用人单位有权了解劳动者与劳动合同直接相关的基本情况，劳动者应当如实说明。

（3）用人单位招用劳动者，不得扣押劳动者的居民身份证和其他证件，不得要求劳动者提供担保或者以其他名义向劳动者收取财物。

（4）建立劳动关系，应当订立书面劳动合同。

已建立劳动关系，未同时订立书面劳动合同的，应当自用工之日起一个月内订立书面劳动合同。用人单位与劳动者在用工前订立劳动合同的，劳动关系自用工之日起建立。

（5）劳动合同无效或者部分无效的情形：

1）以欺诈、胁迫的手段或者乘人之危，使对方在违背真实意思的情况下订立或者变更劳动合同的；

2）用人单位免除自己的法定责任、排除劳动者权利的；

3）违反法律、行政法规强制性规定的。

对劳动合同的无效或者部分无效有争议的，由劳动争议仲裁机构或者人民法院确认。

（6）用人单位应当按照劳动合同约定和国家规定，向劳动者及时足额支付劳动报酬。

用人单位拖欠或者未足额支付劳动报酬的，劳动者可以依法向当地人民法院申请支付令，人民法院应当依法发出支付令。

（7）用人单位应当严格执行劳动定额标准，不得强迫或者变相强迫劳动者加班。用人单位安排加班的，应当按照国家有关规定向劳动者支付加班费。

（8）劳动者拒绝用人单位管理人员违章指挥、强令冒险作业的，不视为违反劳动合同。

劳动者对危害生命安全和身体健康的劳动条件，有权对用人单位提出批评、检举和控告。

5.《中华人民共和国刑法》相关内容

（1）【重大责任事故罪】在生产、作业中违反有关安全管理的规定，因而发生重大伤亡事故或者造成其他严重后果的，处三年以下有期徒刑或者拘役；情节特别恶劣的，处三年以上七年以下有期徒刑。

（2）【强令违章冒险作业罪】强令他人违章冒险作业，因而发生重大伤亡事故或者造成其他严重后果的，处五年以下有期徒刑或者拘役；情节特别恶劣的，处五年以上有期徒刑。

（3）【重大劳动安全事故罪】安全生产设施或者安全生产条件不符合国家规定，因而发生重大伤亡事故或者造成其他严重后果的，对直接负责的主管人员和其他直接责任人员，处三年以下有期徒刑或者拘役；情节特别恶劣的，处三年以上七年以下有期徒刑。

（4）【工程重大安全事故罪】建设单位、设计单位、施工单位、工程监理单位违反国家规定，降低工程质量标准，造成重大安全事故的，对直接责任人员，处五年以下有期徒刑或者拘役，并处罚金；后果特别严重的，处五年以上十年以下有期徒刑，并处罚金。

（5）【消防责任事故罪】违反消防管理法规，经消防监督机构通知采取改正措施而拒绝执行，造成严重后果的，对直接责任人员，处三年以下有期徒刑或者拘役；后果特别严重的，处三年以上七年以下有期徒刑。

（6）【不报、谎报安全事故罪】在安全事故发生后，负有报告职责的人员不报或者谎报事故情况，贻误事故抢救，情节严重的，处三年以下有期徒刑或者拘役；情节特别严重的，处三年以上七年以下有期徒刑。

第二节　建筑安全生产相关法规主要内容

1. 《建设工程安全生产管理条例》

条例规定了施工单位的相关安全责任，包括：依法取得资质和承揽工程；建立健全安全生产制度和操作规程；保证本单位安全生产条件所需资金的投入；设立安全生产管理机构，配备专职安全生产管理人员；总承包单位对施工现场的安全生产负总责；总承包单位和分包单位对分包工程的安全生产承担连带责任；特种作业人员必须按照国家有关规定经过专门的安全作业培训，并取得特种作业操作资格证书；施工单位的施工组织设计及专项施工方案管理责任；建设工程施工安全技术交底责任；施工现场、办公、生活区安全文明管理责任；相邻建筑物及环保管理责任；施工现场防火管理责任；施工作业人员安全防护及劳保管理责任；施工机械管理责任；施工单位的主要负责人、项目负责人、专职安全生产管理人员任职管理责任；施工单位对管理人员和作业人员的安全生产教育培训管理责任；施工单位应当为施工现场从事危险作业的人员办理意外伤害保险等相关安全责任。

相关内容：

（1）垂直运输机械作业人员、安装拆卸工、爆破作业人员、起重信号工、登高架设作业人员等特种作业人员，必须按照国家有关规定经过专门的安全作业培训，并取得特种作业操作资格证书后，方可上岗作业。

（2）施工单位应当在施工现场入口处、施工起重机械、临时用电设施、脚手架、出入通道口、楼梯口、电梯井口、孔洞口、桥梁口、隧道口、基坑边沿、爆破物及有害危险气体和液体存放处等危险部位，设置明显的安全警示标志。安全警示标志必须符合国家标准。

施工单位应当根据不同施工阶段和周围环境及季节、气候的变化，在施工现场采取相应的安全施工措施。施工现场暂时停止施工的，施工单位应当做好现场防护，所需费用由责任方承担，或者按照合同约定执行。

（3）施工单位应当向作业人员提供安全防护用具和安全防护服装，并书面告知危险岗位的操作规程和违章操作的危害。

作业人员有权对施工现场的作业条件、作业程序和作业方式中存在的安全问题提出批评、检举和控告，有权拒绝违章指挥和强令冒险作业。

在施工中发生危及人身安全的紧急情况时，作业人员有权立即停止作业或者在采取必要的应急措施后撤离危险区域。

2.《生产安全事故报告和调查处理条例》

该条例对事故报告、事故调查、事故等级及事故处理作出了如下规定：

（1）根据生产安全事故（以下简称事故）造成的人员伤亡或者直接经济损失，事故一般分为以下等级：

1）特别重大事故，是指造成 30 人（含 30 人）以上死亡，或者 100 人（含 100 人）以上重伤（包括急性工业中毒，下同），或者 1 亿元（含 1 亿元）以上直接经济损失的事故；

2）重大事故，是指造成 10 人（含 10 人）以上 30 人以下死亡，或者 50 人（含 50 人）以上 100 人以下重伤，或者 5000 万元（含 5000 万元）以上 1 亿元以下直接经济损失的事故；

3）较大事故，是指造成 3 人（含 3 人）以上 10 人以下死亡，或者 10 人（含 10 人）以上 50 人以下重伤，或者 1000 万元（含 1000 万元）以上 5000 万元以下直接经济损失的事故；

4）一般事故，是指造成 3 人以下死亡，或者 10 人以下重伤，或者 1000 万元以下直接经济损失的事故。

（2）事故发生后，事故现场有关人员应当立即向本单位负责人报告；单位负责人接到报告后，应当于 1 小时内向事故发生地县级以上人民政府安全生产监督管理部门和负有安全生产监督管理职责的有关部门报告。

情况紧急时，事故现场有关人员可以直接向事故发生地县级以上人民政府安全生产监督管理部门和负有安全生产监督管理职责的有关部门报告。

（3）事故调查组有权向有关单位和个人了解与事故有关的情况，并要求其提供相关文件、资料，有关单位和个人不得拒绝。

事故发生单位的负责人和有关人员在事故调查期间不得擅离职守，并应当随时接受事故调查组的询问，如实提供有关情况。

事故调查中发现涉嫌犯罪的，事故调查组应当及时将有关材料或者其复印件移交司法机关处理。

3.《特种设备安全监察条例》

（1）特种设备生产、使用单位应当建立健全特种设备安全、节能管理制度和岗位安全、节能责任制度。

特种设备生产、使用单位的主要负责人应当对本单位特种设备的安全和节能全面负责。

特种设备生产、使用单位和特种设备检验检测机构，应当接受特种设备安全监督管理部门依法进行的特种设备安全监察。

（2）特种设备出现故障或者发生异常情况，使用单位应当对其进行全面检查，消除事故隐患后，方可重新投入使用。

（3）特种设备使用单位应当对特种设备作业人员进行特种设备安全、节能教育和培训，保证特种设备作业人员具备必要的特种设备安全、节能知识。

特种设备作业人员在作业中应当严格执行特种设备的操作规程和有关的安全规章制度。

（4）特种设备作业人员在作业过程中发现事故隐患或者其他不安全因素，应当立即向现场安全管理人员和单位有关负责人报告。

第三节 建筑安全生产相关规章及
规范性文件主要内容

1.《建筑起重机械安全监督管理规定》

（1）使用单位应当履行下列安全职责：

1）根据不同施工阶段、周围环境以及季节、气候的变化，对建筑起重机械采取相应的安全防护措施；

2）制定建筑起重机械生产安全事故应急救援预案；

3）在建筑起重机械活动范围内设置明显的安全警示标志，对集中作业区做好安全防护；

4）设置相应的设备管理机构或者配备专职的设备管理人员；

5）指定专职设备管理人员、专职安全生产管理人员进行现场监督检查；

6）建筑起重机械出现故障或者发生异常情况的，立即停止使用，消除故障和事故隐患后，方可重新投入使用。

（2）使用单位应当对在用的建筑起重机械及其安全保护装置、吊具、索具等进行经常性和定期的检查、维护和保养，并作好记录。

（3）禁止擅自在建筑起重机械上安装非原制造厂制造的标准节和附着装置。

（4）建筑起重机械特种作业人员应当遵守建筑起重机械安全操作规程和安全管理制度，在作业中有权拒绝违章指挥和强令冒险作业，有权在发生危及人身安全的紧急情况时立即停止作业或者采取必要的应急措施后撤离危险区域。

（5）建筑起重机械安装拆卸工、起重信号工、起重司机、司索工等特种作业人员应当经建设主管部门考核合格，并取得特种作业操作资格证书后，方可上岗作业。

省、自治区、直辖市人民政府建设主管部门负责组织实施建筑施工企业特种作业人员的考核。

2. 《危险性较大的分部分项工程安全管理办法》

办法对危险性较大的分部分项工程，即房屋建筑和市政基础设施工程在施工过程中，容易导致人员群死群伤或者造成重大经济损失的分部分项工程的前期保障、专项施工方案、现场安全管理及监督管理明确了具体要求。

（1）施工单位应当在施工现场显著位置公告危大工程名称、施工时间和具体责任人员，并在危险区域设置安全警示标志。

（2）专项施工方案实施前，编制人员或者项目技术负责人应当向施工现场管理人员进行方案交底。

施工现场管理人员应当向作业人员进行安全技术交底，并由双方和项目专职安全生产管理人员共同签字确认。

（3）施工单位应当对危大工程施工作业人员进行登记，项目负责人应当在施工现场履职。

项目专职安全生产管理人员应当对专项施工方案实施情况进行现场监督，对未按照专项施工方案施工的，应当要求立即整改，并及时报告项目负责人，项目负责人应当及时组织限期整改。

施工单位应当按照规定对危大工程进行施工监测和安全巡视，发现危及人身安全的紧急情况，应当立即组织作业人员撤离危险区域。

（4）危大工程发生险情或者事故时，施工单位应当立即采取应急处置措施，并报告工程所在地住房城乡建设主管部门。建设、勘察、设计、监理等单位应当配合施工单位开展应急抢险工作。

第四章　建筑施工安全防护基本知识

第一节　个人安全防护用品的使用

1. 安全帽

安全帽是对人的头部受坠落物及其他特定因素引起的伤害起防护作用的防护用品。由帽壳、帽衬、下颌带和帽箍等组成。

施工现场工人必须佩戴安全帽。

（1）安全帽的作用

主要是为了保护头部不受到伤害，并在出现以下几种情况时保护人的头部不受伤害或降低头部受伤害的程度。

1）飞来或坠落下来的物体击向头部时；

2）当作业人员从 2m 及以上的高处坠落下来时；

3）当头部有可能触电时；

4）在低矮的部位行走或作业，头部有可能碰到尖锐、坚硬的物体时。

（2）安全帽佩戴注意事项

安全帽的佩戴要符合标准，使用应符合规定。佩戴时要注意下列事项：

1）戴安全帽前应将调整带按自己头型调整到适合的位置，然后将帽内弹性带系牢。缓冲衬垫的松紧由带子调节，人的头顶和帽体内顶部的空间垂直距离一般在 25～50mm 之间，这样才能保证当遭受到冲击时，帽体有足够的空间可供缓冲，平时也有利于头和帽体间的通风。

2）不要把安全帽歪戴，也不要把帽檐戴在脑后方，否则，会降低安全帽对于冲击的防护作用。

3）为充分发挥保护力，安全帽佩戴时必须按头围的大小调整帽箍并系紧下颏带。

4）安全帽体顶部除了在帽体内部安装了帽衬外，有的还开了小孔通风。但在使用时不要为了透气而随便再行开孔，因为这样会降低帽体的强度。

5）安全帽要定期检查。检查有没有龟裂、下凹、裂痕和磨损等情况，发现异常现象要立即更换，不准再继续使用。任何受过重击、有裂痕的安全帽，不论有无损坏现象，均应报废。

6）在现场室内作业也要戴安全帽，特别是在室内带电作业时，更要认真戴好安全帽，因为安全帽不但可以防碰撞，而且还能起到绝缘作用。

7）平时使用安全帽时应保持整洁，不能接触火源，不要任意涂刷油漆，不准当凳子坐。如果丢失或损坏，必须立即补发或更换，无安全帽一律不准进入施工现场。

2. 安全带

安全带是用于防止高处作业人员发生坠落或发生坠落后将作业人员安全悬挂的个体防护装备，主要由安全绳、缓冲器、主带、辅带等部件组成。

为了防止作业者在某个高度和位置上可能出现的坠落，作业者在登高和高处作业时，必须系挂好安全带。安全带的使用和维护有以下几点要求：

（1）高处作业施工前，应对作业人员进行安全技术教育及交底，并应配备相应防护用品。作业人员应从思想上重视安全带的作用，作业前必须按规定要求系好安全带。

（2）安全带在使用前要检查各部位是否完好无损，所有零部件应顺滑，无材料或制造缺陷，无尖角或锋利边缘。

（3）挂点强度应满足安全带的负荷要求，挂点不是安全带的组成部分，但同安全带的使用密切相关。高处作业如无固定挂点，应采用适当强度的钢丝绳或采取其他方法悬挂。禁止挂在移动或带尖税棱角或不牢固的物件上。

（4）高挂低用。将安全带挂在高处，人在下面工作就叫高挂低用。它可以使坠落发生时的实际冲击距离减小。与之相反的是低挂高用。因为当坠落发生时，实际冲击的距离会加大，人和绳都要受到较大的冲击负荷。所以安全带必须高挂低用，严禁低挂高用。

（5）安全带保护套要保持完好，以防绳被磨损。若发现保护套损坏或脱落，必须加上新套后再使用。

（6）安全带严禁擅自接长使用。如果使用 3m 及以上的长绳时必须要加缓冲器，各部件不得任意拆除。

（7）安全带在使用后，要注意维护和保管。要经常检查安全带缝制部分和挂钩部分，必须详细检查捻线是否发生裂断和残损等。

（8）安全带不使用时要妥善保管，不可接触高温、明火、强酸、强碱或尖锐物体，不要存放在潮湿的仓库中保管。

（9）安全带在使用两年后应抽验一次，频繁使用应经常进行外观检查，发现异常必须立即更换。定期或抽样试验用过的安全带，不准再继续使用。

3. 防护服

建筑施工现场作业人员应穿着工作服。焊工的工作服一般为白色，其他工种的工作服没有颜色的限制。

（1）防护服的分类

建筑施工现场的防护服主要有以下几类：

1）全身防护型工作服；

2）防毒工作服；

3）耐酸工作服；

4）耐火工作服；

5）隔热工作服；

6）通气冷却工作服；

7）通水冷却工作服；

8）防射线工作服；

9）劳动防护雨衣；

10）普通工作服。

（2）防护服的穿着

施工现场对作业人员防护服的穿着要求主要有：

1）作业人员作业时必须穿着工作服；

2）操作转动机械时，袖口必须扎紧；

3）从事特殊作业的人员必须穿着特殊作业防护服；

4）焊工工作服应是白色帆布制作。

4. 防护鞋

防护鞋的种类比较多，应根据作业场所和内容的不同选择使用。电力建设施工现场上常用的有绝缘鞋（靴）、焊接防护鞋、耐酸碱橡胶靴及皮安全鞋等。

对绝缘鞋（靴）的要求有：

（1）必须在规定的电压范围内使用；

（2）绝缘鞋（靴）胶料部分无破损，且每半年作一次预防性试验；

（3）在浸水、油、酸、碱等条件上不得作为辅助安全用具使用。

5. 防护手套

使用防护手套时，必须对工件、设备及作业情况进行分析之后，选择适当材料制作、操作方便的手套，方能起到保护作用。施工现场上常用的防护手套有下列几种：

（1）劳动保护手套。具有保护手和手臂的功能，作业人员工作时一般都使用这类手套。

（2）带电作业用绝缘手套。要根据电压选择适当的手套，检查表面有无裂痕、发黏、发脆等缺陷，如有异常禁止使用。

（3）耐酸、耐碱手套。主要用于接触酸和碱时戴的手套。

（4）橡胶耐油手套。主要用于接触矿物油、植物油及脂肪簇的各种溶剂作业时戴的手套。

（5）焊工手套。电、火焊作业时戴的防护手套，应检查皮革或帆布表面有无僵硬、薄挡、洞眼等残缺现象，如有缺陷，不准使用。手套要有足够的长度，手腕部不能裸露在外边。

第二节　安全色与安全标志

安全色和安全标志是国家规定的两个传递安全信息的标准。尽管安全色和安全标志是一种消极的、被动的、防御性的安全警告装置，并不能消除、控制危险，不能取代其他防范安全生产事故的各种措施，但它们形象而醒目地向人们提供了禁止、警告、指令、提示等安全信息，对于预防安全生产事故的发生具有重要作用。

1. 安全色的概念

安全色，就是传递安全信息含义的颜色，包括红、蓝、黄、绿四种颜色。对比色，是使安全色更加醒目的反衬色，包括黑、白两种颜色。对比色要与安全色同时使用。

安全色适用于工业企业、交通运输、建筑、消防、仓库、医院及剧场等公共场所使用的信号和标志的表面色，不适用于灯光信号、航海、内河航运以及其他目的而使用的颜色。

2. 安全色的含义

安全色的红、蓝、黄、绿四种颜色，分别代表不同的含义。

（1）红色。表示禁止、停止、危险以及消防设备的意思。凡是禁止、停止、消防和有危险的器件或环境均应涂以红色的标记作为警示的信号。

（2）蓝色。表示指令，要求人们必须遵守的规定。

（3）黄色。表示提醒人们注意。凡是警告人们注意的器件、设备及环境都应以黄色表示。

（4）绿色。表示给人们提供允许、安全的信息。

（5）对比色与安全色同时使用。

（6）安全色与对比色的相间条纹：

红色与白色相间条纹——表示禁止人们进入危险环境。

黄色与黑色相间条纹——表示提示人们特别注意的意思。

蓝色和白色相间条纹——表示必须遵守规定的意思。

绿色和白色相间条纹——与提示标志牌同时使用，更为醒目地提示人们。

3. 安全色的使用

安全色的使用范围很广，可以使用在安全标志上，也可以直接使用在机械设备上；可以在室内使用，也可以在户外使用。如红色的，各种禁止标志；黄色的，各种警告标志；蓝色的，各种指令标志；绿色的，各种提示标志等。

安全色有规定的颜色范围，超出范围就不符合安全色的要求。颜色范围所规定的安全色是最不容易互相混淆的颜色。对比色是为了使安全色更加醒目而采用的反衬色，它的作用是提高物体颜色的对比度。

4. 安全标志的概念

安全标志是用以表达特定安全信息的标志，由图形符号、安全色、几何图形（边框）或文字构成。

安全标志适用于工矿企业、建筑工地、厂内运输和其他有必要提醒人们注意安全的场所。使用安全标志，能够引起人们对不安全因素的注意，从而达到预防事故、保证安全的目的。但是，安全标志的使用只是起到提示、提醒的作用，它不能代替安全操作规程，也不能代替其他的安全防护措施。

5. 安全标志的种类

安全标志分禁止标志、警告标志、指令标志和提示标志四大类型。

（1）禁止标志。禁止标志的含义是禁止人们不安全行为的图形标志。其基本形式是带斜杠的圆边框，采用红色作为安全色。

（2）警告标志。警告标志的基本含义是提醒人们对周围环境引起注意，以避免可能发生危险的图形标志。其基本形式是正三角形边框，采用黄色作为安全色。

（3）指令标志。指令标志的含义是强制人们必须做出某种动作或采用防范措施的图形标志。其基本形式是圆形边框，采用蓝色作为安全色。

（4）提示标志。提示标志的含义是向人们提供某种信息（如标明安全设施或场所等）的图形标志。其基本形式是正方形边框，采用绿色作为安全色。

第三节 高处作业安全知识

1. 高处作业的基本概念

凡在坠落高度基准面 2m 及以上，有可能坠落的高处进行的作业，均称为高处作业。

2. 建筑施工高处作业常见形式及安全措施

（1）临边作业

临边作业是指在工作面边沿无围护或围护设施高度低于800mm 的高处作业，包括楼板边、楼梯段边、屋面边、阳台边、各类坑、沟、槽等边沿的高处作业。

1）进行临边作业时，应在临空一侧设置防护栏杆，并应采用密目式安全立网或工具式栏板封闭。

2）分层施工的楼梯口、楼梯平台和梯段边，应安装防护栏杆；外设楼梯口、楼梯平台和梯段边还应采用密目式安全立网封闭。

3）建筑物外围边沿处，应采用密目式安全立网进行全封闭，有外脚手架的工程，密目式安全立网应设置。

在脚手架外侧立杆上，并与脚手杆紧密连接；没有外脚手架的工程，应采用密目式安全立网将临边全封闭。

4）施工升降机、龙门架和井架物料提升机等各类垂直运输设备设施与建筑物间设置的通道平台两侧边，应设置防护栏杆、挡脚板，并应采用密目式安全立网或工具式栏板封闭。

5）各类垂直运输接料平台口应设置高度不低于 1.80m 的楼层防护门，并应设置防外开装置；多笼井架物料提升机通道中间，应分别设置隔离设施。

（2）洞口作业

洞口作业是指在地面、楼面、屋面和墙面等有可能使人和物料坠落，其坠落高度大于或等于2m的洞口处的高处作业。

在洞口作业时，应采取防坠落措施，并应符合下列规定：

1）当垂直洞口短边边长小于500mm时，应采取封堵措施；当垂直洞口短边边长大于或等于500mm时，应在临空一侧设置高度不小于1.2m的防护栏杆，并应采用密目式安全立网或工具式栏板封闭，设置挡脚板。

2）当非垂直洞口短边尺寸为25～500mm时，应采用承载力满足使用要求的盖板覆盖，盖板四周搁置应均衡，且应防止盖板移位。

3）当非垂直洞口短边边长为500～1500mm时，应采用专项设计盖板覆盖，并应采取固定措施。

4）当非垂直洞口短边长大于或等于1500mm时，应在洞口作业侧设置高度不小于1.2m的防护栏杆，并应采用密目式安全立网或工具式栏板封闭；洞口应采用安全平网封闭；

5）电梯井口应设置防护门，其高度不应小于1.5m，防护门底端距地面高度不应大于50mm，并应设置挡脚板；

6）在进入电梯安装施工工序之前，井道内应每隔10m且不大于2层加设一道水平安全网。电梯井内的施工层上部，应设置隔离防护设施；

7）施工现场通道附近的洞口、坑、沟、槽、高处临边等危险作业处，除应悬挂安全警示标志外，夜间应设灯光警示；

8）边长不大于500mm洞口所加盖板，应能承受不小于$1.1kN/m^2$的荷载；

9）墙面等处落地的竖向洞口、窗台高度低于800mm的竖向洞口及框架结构在浇筑完混凝土没有砌筑墙体时的洞口，应按临边防护要求设置防护栏杆。

（3）攀登作业

攀登作业是指借助登高用具或登高设施进行的高处作业。攀

登作业应注意以下事项:

1)攀登的用具,结构构造上必须牢固可靠。

2)梯子底部应坚实,并有防滑措施,不得垫高使用,梯子的上端应有固定措施。

3)单梯不得垫高使用,使用时应与水平面成 75°夹角,踏步不得缺失,其间距宜为 300mm。当梯子需接长使用时,应有可靠的连接措施,接头不得超过 1 处。连接后梯梁的强度,不应低于单梯梯梁的强度。

4)固定式直爬梯应用金属材料制成。使用直爬梯进行攀登作业时,攀登高度以 5m 为宜,超过 8m 时,应设置梯间平台。

5)上下梯子时,必须面向梯子,且不得手持器物。

(4)交叉作业

交叉作业是指垂直空间贯通状态下,可能造成人员或物体坠落,并处于坠落半径范围内、上下左右不同层面的立体作业。交叉作业时应注意以下事项:

1)各工种进行上下立体交叉作业时,不得在同一垂直方向上操作。下层作业的位置,必须处于依上层高度确定的可能坠落的半径范围之外,不符合以上条件时,应设安全防护棚。

2)钢模板、脚手架拆除时,下方不得有人施工。

3)模板拆除后,临边堆放处离楼层边沿不应小于1m,堆放高度不得超过 1m,楼层边口、通道口、脚手架边缘等处,严禁堆放任何物件。

4)结构施工自 2 层起,凡人员进出的通道口(包括井架、施工电梯的进出通道口),均应搭设双层防护棚。

5)在建建筑物旁或在塔机吊臂回转半径范围之内的主要通道,临时设施,钢筋、木工作业区等必须搭设双层防护棚。

第五章 施工现场消防基本知识

第一节 施工现场消防知识概述及
常用消防器材

1. 施工现场消防知识概述

我国消防工作实行预防为主、消防结合的方针。按照政府统一领导、部门依法监管、单位全面负责、公民积极参与的原则，实行消防安全责任制，建立健全社会化的消防工作网络。

建设工程施工现场的防火，必须遵循国家有关方针、政策，针对不同施工现场的火灾特点，立足自防自救，采取可靠防火措施，做到安全可靠、经济合理、方便适用。

燃烧的发生必须具备三个条件，即：可燃物、助燃物和着火源。因此，制止火灾发生的基本措施包括：

（1）控制可燃物，以难燃或不燃的材料代替易燃或可燃的。

（2）隔绝空气，使用易燃物质的生产应在密闭的设备中进行。

（3）消除着火源。

（4）阻止火势蔓延，在建筑物之间筑防火墙，设防火间距，防止火灾扩大。

2. 建筑施工现场消防器材的配置和使用

（1）在建工程及临时用房的下列场所应配置灭火器：

1）易燃易爆危险品存放及使用场所；

2）动火作业场所；

3）可燃材料存放、加工及使用场所；

4）厨房操作间、锅炉房、发电机房、变配电房、设备用房、办公用房、宿舍等临时用房；

5）其他具有火灾危险的场所。

（2）建筑施工现场常用灭火器及使用方法

1）泡沫灭火器。药剂：筒内装有碳酸氢钠、发沫剂、硫酸铝溶液。用途：适用于扑救油脂类、石油产品及一般固体初起的火灾；不适用于扑救忌水化学品和电气火灾。使用方法：手指堵住喷嘴，将筒体上下颠倒2次，打开开关，药剂即喷出。

2）干粉灭火器。药剂：钢筒内装有钾盐或钠盐粉，并备有盛装压缩气体的小钢瓶。用途：适用于扑救石油及其产品、可燃气体和电气设备初起的火灾。使用方法：提起筒，拔掉保险销环，干粉即可喷出。

3）二氧化碳灭火器。药剂：瓶内装有压缩或液态的二氧化碳。用途：主要适用于扑救贵重设备、档案资料、仪器仪表、600V以下的电器及油脂等火灾；禁止使用二氧化碳灭火器灭火的物品有，遇有燃烧物品中的锂、钠、钾、铯、锶、镁、铝粉等。使用方法：拔掉安全销，一手拿好喇叭筒对着火源，另一手压紧压把打开开关即可。

4）酸碱灭火器。用途：主要适用于扑救竹、木、棉、毛、草、纸等一般初起火灾，但对忌水的化学物品、电气、油类不宜用。

（3）消火栓、消防水带、消防水枪

消火栓按安装区域分有室内、室外消火栓两种；按安装位置分为地上式与地下式两种；按消防介质分有水消火栓和泡沫消火栓两种。消火栓应在任意时刻均处于工作状态。

1）消防水带应配相对口径的水带接口方能使用。水带接口装置于水带两端，用于水带与水带、消火栓或水枪之间的连接，以便进行输水或水和泡沫混合液，其接口为内扣式。

2）水枪是装在水带接口上，起射水作用的专用部件。各种水枪的接口形式均为内扣式。

3）消火栓的开关位置在其顶部，必须用专用扳手操作，其顶盖上有开关标志符。

使用时应先安好消防水带，之后打开消火栓上封盖把水带固定好，然后再打开消火栓。在使用消火栓灭火时，必须两人以上操作，当水带充满水后，一人拿枪，一人配合移动消防水带。

第二节　施工现场消防管理制度及相关规定

施工现场的消防安全由施工单位负责。实行施工总承包的，应由总承包单位负责。分包单位向总承包单位负责，并应服从总承包单位的管理，同时应承担国家法律、法规规定的消防责任和义务。施工现场建立消防管理制度，落实消防责任制和责任人员，建立义务消防队，定期对有关人员进行消防教育，落实消防措施。

1. 施工现场消防管理制度

（1）施工单位应编制施工现场灭火及应急疏散预案。灭火及应急疏散预案应包括下列主要内容：

1）应急灭火处置机构及各级人员应急处置职责；

2）报警、接警处置的程序和通信联络的方式；

3）扑救初起火灾的程序和措施；

4）应急疏散及救援的程序和措施。

（2）施工人员进场时，施工现场的消防安全管理人员应向施工人员进行消防安全教育和培训。消防安全教育和培训应包括下列内容：

1）施工现场消防安全管理制度、防火技术方案、灭火及应急疏散预案的主要内容；

2）施工现场临时消防设施的性能及使用、维护方法；

3）扑灭初起火灾及自救逃生的知识和技能；

4）报警、接警的程序和方法。

（3）施工作业前，施工现场的施工管理人员应向作业人员进行消防安全技术交底。消防安全技术交底应包括下列主要内容：

1）施工过程中可能发生火灾的部位或环节；

2）施工过程应采取的防火措施及应配备的临时消防设施；

3）初起火灾的扑救方法及注意事项；

4）逃生方法及路线。

（4）施工过程中，施工现场的消防安全负责人应定期组织消防安全管理人员对施工现场的消防安全进行检查。消防安全检查应包括下列主要内容：

1）可燃物及易燃易爆危险品的管理是否落实；

2）动火作业的防火措施是否落实；

3）用火、用电、用气是否存在违章操作，电、气焊及保温防水施工是否执行操作规程；

4）临时消防设施是否完好有效；

5）临时消防车道及临时疏散设施是否畅通。

2. 施工现场消防管理规定

（1）施工现场动火作业

1）动火作业应办理动火许可证，动火许可证的签发人收到动火申请后，应前往现场查验并确认动火作业的防火措施落实后，再签发动火许可证；

2）动火操作人员应具有相应资格；

3）焊接、切割、烘烤或加热等动火作业前，应对作业现场的可燃物进行清理；作业现场及其附近无法移走的可燃物应采用不燃材料覆盖或隔离；

4）施工作业安排时，宜将动火作业安排在使用可燃建筑材料施工作业之前进行，确需在可燃建筑材料施工作业之后进行动火作业的，应采取可靠的防火保护措施；

5）裸露的可燃材料上严禁直接进行动火作业；

6）焊接、切割、烘烤或加热等动火作业应配备灭火器材，并应设置动火监护人进行现场监护，每个动火作业点均应设置1个监护人；

7）五级（含五级）以上风力时，应停止焊接、切割等室外动火作业，确需动火作业时，应采取可靠的挡风措施；

8）动火作业后，应对现场进行检查，并应在确认无火灾危险后，动火操作人员再离开。

（2）施工现场用电

1）电气线路应具有相应的绝缘强度和机械强度，禁止使用绝缘老化或失去绝缘性能的电气线路，严禁在电气线路上悬挂物品。破损、烧焦的插座、插头应及时更换；

2）电气设备与可燃、易燃易爆和腐蚀性物品应保持一定的安全距离；

3）距配电盘2m范围内不得堆放可燃物，5m范围内不应设置可能产生较多易燃、易爆气体、粉尘的作业区；

4）可燃库房不应使用高热灯具，易燃易爆危险品库房内应使用防爆灯具；

5）电气设备不应超负荷运行或带故障使用。

（3）施工现场用气

1）储装气体罐瓶及其附件应合格、完好和有效；严禁使用减压器及其他附件缺损的氧气瓶，严禁使用乙炔专用减压器、回火防止器及其他附件缺损的乙炔瓶；

2）气瓶应保持直立状态，并采取防倾倒措施，乙炔瓶严禁横躺卧放；

3）严禁碰撞、敲打、抛掷、溜坡或滚动气瓶；

4）气瓶应远离火源，与火源的距离不应小于10m，并应采取避免高温和防止暴晒的措施；

5）气瓶应分类储存，库房内应通风良好；空瓶和实瓶同库存放时，应分开放置，两者间距不应小于1.5m；

6）瓶装气体使用前，应检查气瓶及气瓶附件的完好性，检查连接气路的气密性，并采取避免气体泄漏的措施，严禁使用已老化的橡皮气管；

7）氧气瓶与乙炔瓶的工作间距不应小于 5m，气瓶与明火作业点的距离不应小于 10m；

8）冬季使用气瓶，气瓶的瓶阀、减压阀等发生冻结时，严禁用火烘烤或用铁器敲击瓶阀，严禁猛拧减压器的调节螺栓；

9）氧气瓶内剩余气体的压力不应小于 0.1MPa，气瓶用后应及时归库。

第六章　施工现场应急救援基本知识

第一节　生产安全事故应急救援预案管理相关知识

1. 生产安全事故应急救援预案的概念

生产安全事故应急救援预案是为了有效预防和控制可能发生的事故，最大程度减少事故及其损害而预先制定的工作方案。它是事先采取的防范措施，将可能发生的等级事故损失和不利影响减少到最低的有效方法。

2. 建筑施工企业生产安全事故应急救援预案的管理

施工单位的应急救援预案应经专家评审或者论证后，由企业主要负责人签署发布。施工项目部的安全事故应急救援预案在编制完成后报施工企业审批。

建筑工程施工期间，施工单位应当将生产安全事故应急救援预案在施工现场显著位置公示，并组织开展本单位的应急救援预案培训交底活动，使有关人员了解应急救援预案的内容，熟悉应急救援职责、应急救援程序和岗位应急救援处置方案。

建筑施工单位应当制订本单位的应急预案演练计划，根据本单位的事故预防重点，每年至少组织一次综合应急预案演练或者专项应急预案演练，每半年至少组织一次现场处置方案演练。

第二节　现场急救基本知识

1. 施工现场应急救护要点

（1）对骨伤人员的救护

1）不能随便搬动伤者，以免不正确的搬动（或移动）给伤者带来二次伤害。例如凡是胸、腰椎骨折者，头、颈部外伤者，不能任意搬动，尤其不能屈曲。

2）在需要搬动时，用硬板固定受伤部位后方可搬动。

3）用担架搬运时，要使伤员头部向后，以便后面抬担架的人可以随时观察其伤情变化。

（2）对眼睛伤害人员的救护

1）眼有异物时，千万不要自行用力擦眼睛，应通过药水、泪水、清水冲洗，仍不能把异物冲掉时，才能扒开眼睑，仔细小心清除眼里异物，如仍无法清除异物或伤势较重时，应立即到医院治疗。

2）当化学物质（如砌筑用的石灰膏）进入眼内，立即用大量的清水冲洗。冲洗时要扒开眼睑，使水能直接冲洗眼睛，要反复冲洗，时间至少 15min 以上。在无人协助的情况下，可用一盆水，双眼浸入水中，用手分开眼睑，做睁眼、闭眼、转动并立即到医院做必要的检查和治疗。

（3）心肺复苏术

心肺复苏术，是在建筑工地现场对呼吸心跳骤停病人给予呼吸和循环支持所采取的急救，急救措施如下：

1）畅通气道：托起患者的下颌，使病人的头向后仰，如口中有异物，应先将异物排除。

2）口对口人工呼吸：握闭病人的鼻孔，深吸气后先连续快速向病人口内吹气 4 次，吹气频率以每分钟 2～16 次。如遇特殊情况（牙关紧闭或外伤），可采用口对鼻人工呼吸。

3）胸外心脏按压：双手放在病人胸骨的下 1/3 段（剑突上

两根指），有节奏地垂直向下按压胸骨干段，成人按压的深度为胸骨下陷4～5cm为宜。一般按压15次，吹气2次。

4）胸外心脏按压和口对口吹气需要交替进行。最好有两个人同时参加急救，其中一个人作口对口吹气。

（4）外伤常用止血方法

1）一般止血法：凡出血较少的伤口，可在清洗伤口后盖上一块消毒纱布，并用绷带或胶布固定即可。

2）指压止血法：可用干净的布（没有布可以用手）直接按压伤口，直到不出血为止。

3）加压包扎止血法：用纱布、棉花等垫放在伤口上，用较大的力进行包扎，并尽量抬高受伤部位。加压时力量也不可过大，或扎得过紧，以免引起受伤部位局部缺血造成坏死。

2. 建筑施工现场主要事故类型及救援常识

（1）触电事故及救援常识

1）发现有人触电时，不要直接用手去拖拉触电者，应首先迅速拉电闸断电，现场无电电闸时，使用木方等不导电的材料或用干衣服包严双手，将触电者拖离电源。

2）根据触电者的状况进行现场人工急救（如心肺复苏），并迅速向工地负责人报告或报警。

（2）火灾事故及救援常识

1）最早发现者应立即大声呼救，并根据情况立即采取正确方法灭火。当判断火势无法控制时，要迅速报警并向有关人员报告。

2）根据火灾的影响范围，迅速把无关人员疏散到指定的消防安全区。作业区发生火灾时，可采用建筑物内楼梯、外脚手架上下梯、离火灾现场较远的外施工电梯等疏散人员。不得使用离火灾现场较近的外施工电梯，严禁使用室内电梯疏散人员。

3）当火势无法控制时，要及时采取隔离火源措施，及时搬出附近的易燃易爆物以及贵重物品，防止火势蔓延到有易燃易爆物品或存放贵重物品的地点。当有可能发生气瓶爆炸或火势已无法控制且危及人员生命安全时，迅速将救火人员撤离到安全地方，等待专职消防队救援或采取其他必要措施。

4）火灾逃生自救知识原则

如果发现火势无法控制，应保持镇静，判断危险地点和安全地点，决定逃生方法和路线，尽快撤离危险地。

通过浓烟区逃生时，如无防毒面具等护具，可用湿毛巾等捂住口鼻，并尽可能贴近地面，以匍匐姿势快速前进，如有条件可向头部、身上浇冷水或用湿毛巾、湿棉被、湿毯子等将头、身裹好再冲出去。

（3）易燃易爆气体泄漏事故应急常识

1）最早发现者应立即大声呼救，并向有关人员报告或报警。根据情况立即采取正确方法施救，如尝试采取关闭阀门、堵漏洞等措施截断、控制泄漏，若无法控制，应迅速撤离。

2）在气体泄漏区内严禁使用手机、电话或启动电气设备，并禁止一切产生明火或火花的行为。

3）疏散无关人员，迅速远离危险区域，治安保卫人员要迅速建立禁区，严禁无关人员进入。同时停止附近的作业。

4）在未有安全保障措施的情况下，不要盲目行动，应等待公安消防队或其他专业救援队伍处理。

（4）发现坍塌预兆或坍塌事故应急常识

1）发现坍塌预兆时，发现者应立即大声呼唤，停止作业，迅速疏散人员撤离现场，并向项目部报告。待险情排除，并得到有关人员同意后，方可重新进入现场作业。

2）当事故发生后，发现者应立即大声呼救，同时向有关人员报告或报警。项目部根据情况立即采取措施组织抢救，同时向上级部门报告。

3）迅速判断事故发展状态和现场情况，采取正确应急控制措施，判断清楚被掩埋人员位置，立即组织人员全力挖掘抢救。

4）在救护过程中要防止二次坍塌伤人，必要时先对危险的地方采取一定的加固措施。

5）按照有关救护知识，立即救护抢救出来的伤员，在等待医生救治或送往医院抢救过程中，不要停止和放弃施救。

（5）有毒气体中毒事故应急常识

1）最早发现者应立即大声呼救，向有关人员报告或报警，如原因明确应立即采取正确方法施救，但决不可盲目救助。

2）迅速查明事故原因和判断事故发展状态，采取正确方法施救。如中毒事故必须先通风或戴好防毒面具方可救人；如缺氧，则要戴好有供氧的防毒面具才可救人。

3）救出伤员后按照有关救护知识，立即救护伤员，在等待医生救治或送往医院抢救过程中，不要停止和放弃施救，如采用人工呼吸，或输氧急救等。

4）现场不具备抢救条件时，立即向社会求救。

（6）高处坠落伤害急救常识

1）坠落在地的伤员，应初步检查伤情，不得随意搬动。

2）立即呼叫"120"急救医生前来救治。

3）采取初步急救措施：止血、包扎、固定。

4）注意固定颈部、胸腰部脊椎，搬运时保持动作一致平稳，避免伤员脊柱弯曲扭动加重伤情。

3. 施工现场报警注意事项

（1）按工地写出的报警电话，进行报警。

（2）报告事故类型。说明伤情（病情、火情、案情）等，以便救护人员事先做好急救的准备。如火灾报警时要尽量说明燃烧或爆炸物质、燃烧程度、人员伤亡、发生火灾楼层等情况。

（3）说明单位（或事故地）的电话或手机号码，以便救护车（消防车、警车）随时用电话通讯联系。

（4）可用几部电话或手机，由数人同时向有关救援单位报警求救，以便各种救援单位都能以最快的速度到达事故现场。

第二部分　专业基础知识

第七章　高处作业吊篮安装拆卸工专业基础

第一节　力学基础

力学是建筑施工安全生产管理重要的基础科学，模板的支撑、脚手架的搭设、起重设备的吊装以及建筑材料的安全选择都离不开对力学的研究。因此，我们必须要掌握力学的有关知识。由于篇幅有限，本节只是简要介绍力学的一些最基本的概念，真正掌握力学的知识必须通过系统的学习。

一、力学的基本概念

1. 力

人们在长期的生活和生产实践中，通过对物体运动的观察和分析，逐步建立了力的概念。力是物体间相互的机械作用，其效应是使物体的运动状态或物体的几何形状和尺寸发生改变。

（1）力：力使物体运动状态发生改变的效应称为力的外效应。如人推车，手以力作用于车，使车的运动状态发生变化（由静止到运动，由慢到快）。而力使物体的几何形状和尺寸发生改变的效应则称为力的内效应。

（2）力的三要素：实践表明，力对物体的效应（包括外效应和内效应），取决于力的大小、力的方向、力的作用点三个要素。

（3）力的矢量表示：力是一个有大小和方向的量，所以力是矢量。它可以用一个带箭头的直线段来表示，其中线段的长度按一定的比例尺表示力的大小，线段的方位（例如与水平线成 0°角）和箭头的指向表示力的方向，线段的起点或终点表示力的作用点；过力的作用点沿力的矢量方位画出的直线，称为力的作用线。

（4）力的单位：在国际单位制中，力的单位是牛顿（N）或千牛（kN）。

（5）力系：物体同时受若干个力的作用时，则称该物体受一力系作用。为讨论问题的方便，可将力系分为两类：若构成力系的各个力的作用线位于同一平面内，则称此力系为平面力系；若不在同一平面内，则称之为空间力系。作用于物体上的力系若能用另一力系代替而效应不变，则这两个力系互称为等效力系。若一个力与另一个力系等效，则这个力称为该力系的合力。

2. 刚体

力对物体的效应，除了使物体的运动状态发生改变外，还使物体发生变形（即几何形状和尺寸发生改变）。在正常情况下，工程上的机械零件和结构构件在力的作用下发生的变形是很微小的，甚至只有专门的仪器才能测量出来。所以在考虑力对物体的外效应时，可以不计力对物体所引起的微小变形，把物体看成是不变形的。在力学中，把这种在任何力的作用下，体积和形状都不发生改变的物体叫作"刚体"。

3. 平衡

工程上把物体相对于地球处于静止或作为匀速直线运动的状态，称为物体处于平衡状态，简称平衡。如果物体处于平衡状态，则作用于物体上的力系必须满足一定的条件，该条件称为平衡条件。

4. 二力平衡定律

作用在同一物体上的两个力，使物体平衡的必要和充分条件是：这两个力的大小相等、方向相反、作用线在同一条直线上（简称等值、反向、共线）。此称为二力平衡定律。应该注意，定律的成立与物体的形状无关。

5. 加减平衡力系定律

在作用于物体上的一个力系中，增加或去掉任何一个平衡力系，并不改变原力系对物体的效应。应用这个定律可以导出作用于物体上力的一个重要性质——力的可传性：作用在物体上的力可沿其作用线移动，而不改变该力对物体的效应。例如，用手推车或沿手对车的施力方向用绳拉车，只要力的大小不变，车子将产生相同的运动效应。根据力的可传性，力在刚体上的作用点可用它的作用线代替，所以作用于刚体上的力之三要素又可表示为：力的大小、方向和作用线。

6. 力的平行四边形定律

作用于物体上同一点的两个力可以合成为作用于该点的一个合力，它的大小和方向由这两个力的矢量为邻边所构成的平行四边形的对角线来表示，亦可用矢量表达式来表示。当物体受三个不平行力的作用而平衡时，这三个力的作用线必汇交于一点，称此为三力平衡汇交定理。平行四边形定律，可将作用于物体上同一点的两个力合成为一个合力。同样它也可以把作用在物体上的一个力分解为相交的两个分力。由几何学可知，一条对角线可以做出无数个平行四边形。即一个力分解为两个相交力可以有无穷多种。在工程中，一般将力分解为两个互相垂直的分力。例如，常将斜坡上物体所受的重力分解为沿斜坡方向上的分力和沿斜坡法线方向上的分力。将力沿互相垂直方向分解，称正交分解。

7. 作用和反作用定律

两物体间相互作用的力总是大小相等、方向相反、沿同一直线，并分别作用在两个物体上。

作用和反作用定律是力学中的基本定律，它对物体的受力分析起着重要作用，它是分析若干个物体组成的物体系统（简称物系）受力的基础。如建筑工程中，将载荷视为主动作用于物体上的力。载荷力（屋架承受的风压、积雪及材料的自重等）的传递都是通过物体之间的作用与反作用关系传递到基础的。

上述诸定律是静力学的基本定律。静力学的其他定理和公式都可以用它们来证明和推导出来。

8. 约束和约束反力

在空间能自由地作任意方向运动的物体称为自由体。物体在某个方向的运动受到限制，这种物体称为非自由体。那些限制物体某些运动的条件称为约束，约束给被约束物体的力称为约束反作用力，简称约束反力。例如，绳子限制电灯向下运动，电灯就是一个非自由体，绳子对电灯而言是一个约束，阻止电灯向下。绳子中的张力 T 就是约束反力。

（1）柔性约束

如用绳悬吊重物，由于绳索只能阻止物体沿着绳索伸长方向上的运动，所以绳索的约束反力沿着绳索背向物体。

（2）光滑接触表面约束

因为接触表面是光滑的，所以可不考虑接触表面的摩擦力。这样，光滑表面只能阻挡物体沿垂直于接触面方向上的运动，所以约束反力的方向是沿接触面的法线方向，作用点为接触点。

（3）固定铰链支座约束

用光滑圆柱销把构件与底座连接，并把底座固定在支承物上而构成的支座称为固定铰链支座。用固定铰链支座约束的构件，它只能绕铰轴转动。此种约束的约束反力是在垂直于圆柱销轴线的平面内，通过圆柱销孔中心，一般方向不能预先确定。

（4）滚动铰链支座约束

固定铰链支座是将铰链支座固定在支承物上形成的，如果将铰链支座安装在带有滚动轴的支座上，形成滚动铰链支座，被约束物体不但能自由转动，而且还可以沿平行于支座底面的方向任意移动，所以这种支座只能阻止物体沿垂直于支座底面的方向运动。约束反力作用线必通过铰链中心。

滚动铰链支座和固定铰链支座在桥梁、屋架上用得较多。滚动支座能适应桥梁屋架因温度变化而引起的伸长和缩短。

（5）光滑圆柱销钉约束

圆柱销钉把两个构件连接在一起。这种约束限制被约束的两个构件作相对移动，只能容许两构件作相对于销钉轴线的转动。

（6）链杆约束

两端用铰链与物体联接而不计自重的直杆称为链杆。它能阻止物体沿链杆方向的分开和靠拢，但不能阻止其他方向的运动。所以，链杆的约束反力的方向只能沿连杆的轴线，根据受力情况而定。

（7）固定端支座约束

这种支座是将物体牢固地嵌固在墙上或基础上。它能阻止被约束物体在任何方向的移动，而且能阻止它自由转动。雨篷、外阳台等就是嵌固在墙内的，属固定端约束。

9. 物体的受力分析

在解决实际的工程问题时，往往需要对工程结构中的构件进行受力分析。这首先需要选定研究对象，然后分析研究对象上所受的全部主动力和约束力，确定每个力的大小、位置和方向。这个分析过程称为对研究对象的受力分析。为了完整、清晰、正确地把物体所受的全部力表示出来，必须把研究对象从它周围的物体中分离出来。这种被分离出来分析的物体称为分离体（分离体可以是一个物体，也可以是某几个物体的组合）。单独画其简图称为分离体图。根据受力情况，将作用于该分离体上的所有作用力用力矢量表示，并画在分离体图上，则可得分离体的受力图。

二、平面力系

平面力系是指各力作用线位于同一平面的力系。在平面力系中，各力作用线交于一点的力系称为平面汇交力系，各力作用线相互平行的力系称为平面平行力系，各力作用线既不交于一点、又不全部互相平行的力系称为平面一般力系。平面汇交力系可以合成为一个合力，合力作用线通过力系的汇交点，合力的大小和方向可由力多边形封闭边确定。力系合力为零，说明物体处于平衡状态。平面汇交力系平衡的几何条件是力多边形自行封闭。

通过公式可求出力在坐标轴上的投影。力在平面直角坐标系的两个坐标轴上的投影与力的作用线刚好组成一个直角三角形。

根据勾股定理和三角关系即可由这两个投影来确定力的大小和方向。平面汇交力系平衡的必要充分条件是合力为零,即力系中所有各力在任意坐标轴上投影的代数和为零。

三、轴向拉伸与压缩

在考虑力的内效应时,物体不再被视为刚体,而被看作可变形固体,即受外力作用后将发生变形。小变形条件是指构件受到外力作用后,发生的变形与原尺寸相比是很微小的。因此,在进行问题上计算时,用变形前的尺寸代替变形后的尺寸进行运算,由此产生的误差能符合工程上的要求。

凡是作用线与杆的轴线重合的外力(或外力的合力)称为轴向外力。在轴向外力作用下杆件伸长,称为轴向拉伸,如杆件缩短,称为轴向压缩。轴向拉压杆在实际中是常见构件。例如,拧紧的螺栓、起吊重物的绳索、房架中的柱子、千斤顶中的螺杆以及组成桁架的各根杆件等均属于轴向拉压杆。

物体能保持一定形状,是由于组成物体的分子之间存在着内聚力,这种力称为物体的固有内力。当物体受到外力作用后,总是要产生变形,与此同时,存在于物体内部固有内力的大小将发生改变。对于固有力的改变量,称之为附加内力,简称为内力。工程上用单位面积上所受的内力,即内力密集程度(简称集度),来衡量杆件的强度,这种内力的集度称为应力。应力的方向若垂直于截面,则称为正应力;若平行于截面,则称为剪应力。

杆件在外力作用下将发生变形,在卸除外力后能完全消失的变形称弹性变形。残留下的变形称塑性变形(或称残余变形)。受力杆件在卸载后,如果没有塑性变形存在,则称杆件处在弹性变形阶段。工程中一般将构件限定在弹性变形范围内。

四、扭转

如果作用在构件上的力偶矩过大,它们将会被扭断或产生过大的变形,以致构件不能安全正常地工作。

构件扭转时的受力特点是:作用在构件两端的是一对力偶,它们的大小相等、转向相反,且力偶的作用面垂直于构件的轴线。

在工程实际中，很少能直接给出作用在传动轴上的外力偶矩，一般是给出电动机所传递的功率和电动机的转速，通过计算公式算得电动机所输出的力偶矩。

五、弯曲

当构件在纵向对称面内受到力偶或垂直于轴线的力作用而变形时，原为直线的轴线将弯曲成平面曲线（称为挠曲线）。构件的这种变形称为弯曲。凡是以弯曲变形为主的构件称为梁。

梁是建筑物中用得最多的一种构件，如房屋中的大梁、支承楼板的各种梁等。工程中常遇到的梁，其横截面通常至少有一根对称轴，因此整个梁上载荷及支承反力均作用在这个纵向对称面内，则弯曲后的梁轴线将在这个平面内弯曲成一条平面曲线，这种弯曲称为平面弯曲。平面弯曲是梁弯曲问题中最简单也是最基本的一种。

六、组合变形

在实际工程结构中，构件的受力情况比较复杂。也就是说，当构件受力后引起的往往不是单一的某种基本变形，而是由两种或两种以上基本变形组合而成的变形，称为组合变形。

对于组合变形构件进行强度和刚度计算可按如下步骤来进行，首先将作用在构件上的任意载荷分解成几个各自只能引起一种基本变形的载荷分量；然后分别求出各个载荷分量所引起的应力和变形；最后把所求截面上的应力及变形相应地叠加，得到了原来载荷作用下构件所产生的应力和变形。

七、压杆稳定

在工程中，很多构件满足了强度和刚度要求后，就能安全正常地工作。但是，也有一些细而长的受压杆件，如螺旋千斤顶的螺杆，当轴向压力增加到某一值时，虽然仍满足压缩强度条件，但若在螺杆上稍加横向力扰动，螺杆就会出现突然弯折而导致倒塌，这表明细长压杆的失效，并不是由于强度不足而引起。这种失效现象，是由于压杆丧失了稳定性，简称失稳。

对于细长压杆，在杆的自由端受一个轴向压力，当力不大时，如压杆受到横向干扰力后，只会引起压杆左右摆动，最后还是回到原来位置，这时的压杆是稳定的。如果所加的力逐渐增大，当到达某一极限值且受到横向干扰力后，压杆偏离原位而不能再回到原来位置，则称这时的压杆是不稳定的。

第二节 电 工 基 础

建筑施工离不开电，电给建筑施工提供了极其便利的能源。同时，电又给我们带来了不可忽视的安全问题，不掌握电的特性、不很好地管理用电就会造成人身伤害和财产损失。安全用电是安全生产的一项重要内容，从事起重设备安装作业应该掌握电工的基本知识。

一、直流电路

1. 电的基本概念

（1）电荷

人们通过对物质结构的研究发现：一切物质都是由分子组成，而分子又是由一定数量的原子组成。原子的体积极小，是物质的基本微粒。它具有一个带正电荷的原子核，在原子核的周围又有一些带负电荷的电子围绕原子核作高速度运动。

在正常状态下，原子核所带的正电荷和它周围电子所带负电荷在数量上是相等的，所以原子对外不显电性，从整体上讲物质也就不显电性。但是，从物质原子的电结构来看，原子核周围的电子是分数层轨道绕行，在最外层轨道绕行的电子，由于距原子核较远，受原子核的束缚较小，因而最不稳定。当外界因素（如摩擦、外加磁场等）对其产生影响时，这些外层电子就获得了一定的能量，很容易摆脱原子核的束缚，脱离原有轨道而成为自由电子。失去电子的原子，由于原子核所带正电多于电子所带负电，而呈现正电；反之，获得电子的原子则带负电。这也就是我们常说的物体"带电"，或称之为"带电体"。

因此，不管用什么方法，只要破坏物体内部的电结构，使物体正负电荷分离，发生电子转移，就可得到带电体。经过实验，发现电荷具有同性电荷相斥，异性电荷相吸的特性。

电荷是一种客观存在的物质，既不能创造，也不能消灭，它只能是从一个物体转移到另一个物体，这就是电荷守恒定律。

（2）电场

在原子的电结构中，原子核和电子都具有一定的对另外一方的作用力。理论分析和实验证明：带有电荷的两个带电体间也有这种作用力。这种力不是通过电荷（或带电体）本身直接接触，而是通过电荷（或带电体）周围的特殊空间起作用。我们把传递电荷（或带电体）相互作用的这个特殊空间称为电场。

电荷（或带电体）之间相互作用的静电力，实际上是它们各自产生的电场对对方电荷（或带电体）的作用力，所以静电力也叫电场力。电场可以用电力线来描述：电力线的疏密表示电场的强弱，电力线的方向是由正电荷指向负电荷。

2. 几个常用电工名词解释

（1）电压（电位差或电势差）

在电场中，两点间电位的差值叫电位差，也叫电压。电压降低的方向为电压方向，即从高电位指向低电位。

（2）电流

电荷在导体中有规则的定向运动叫电流。它在数值上等于单位时间（秒）内通过导体截面积的电荷量。正电荷运动的方向作为电流的方向。

（3）电路

电流所流经的途径叫电路。电路由电源、负载（用电器）、连接导线和控制保护设备（如开关等）组成。电路分为内电路和外电路。电源内部的电路叫内电路，其电流由电源的负极流向电源的正极。电源以外的电路叫外电路，电流由电源的正极经过导线、负载、开关到电源的负极。

1）电源

电源是供应电能的设备，是闭合电路能够得到持续电流的条件。它能把非电能量转换成电能，例如，干电池可将化学能转换成电能。

2）负载

负载是取用电能的设备，它能把电能转换成其他形式的能量。例如，电灯利用电流的热效应把电能转换为光能和热能。

3）连接导线

连接导线是用来把导线、负载及控制保护设备连接成一个闭合回路，构成电流的通路，起着传递电能的作用。

4）控制保护设备

控制保护设备是用来实现对电路的控制和保护等作用的装置。例如，开关用来接通或切断电路；熔断器对电路起保护作用，测量仪表对电路工作状态进行监测。

（4）导体

导电能力较好的物体叫导体，所有金属都是导体，大地、人体、石墨等也都是导体。

（5）电阻（R）

导体对电流的阻力叫电阻。单位为欧姆，常用的还有千欧、兆欧等表示。

（6）绝缘体

传导电流的能力非常差，几乎不能通过电流的物体，称为绝缘体。常用的绝缘材料有橡胶、塑料、云母、纸以及干燥的木棍、竹棍等。不同绝缘材料绝缘性能不同。

绝缘材料会有老化现象，会导致绝缘性能变差；温度过高或湿度增大时，绝缘能力也变差。常见的漏电现象就是绝缘能力下降所致。当绝缘材料受潮，承受高温、高压会失去绝缘能力而导电，即为绝缘击穿。

3. 电功和电力率

（1）电流通过用电器时，电能可转变为其他形式的能量。例如，电灯发光、电炉发热、电动机转动，就是电能通过电器转变为光能、热能及机械能。消耗的电能用电流做功的多少来度量。我们把电流所做的功叫电功。实验证明：电流通过用电器所做的功，与加在用电器两端的电压、通过用电器的电流强度及通电时间成正比。

（2）电功率

电流所做的功跟完成这些功所用时间的比值叫电功率。

二、交流电路

1. 交流电的基本概念

目前，电力用电大都是交流电，即使某些需要直流电的场合，也都是采用整流设备，把交流电转换成直流电。

交流电是指大小和方向随时间作周期性变化的电压、电流、电动势。如果大小和方向随时间按正弦规律变化，称为正弦交流电。这是我们最常用的交流电。

2. 单相交流电路

将负载接到单相交流电路上所组成的电路叫单相交流电路。接到交流电路中的负载可归纳为电阻性（如电炉、白炽灯等）、电感性（如电抗器、电感线圈等）、电容性（各种电容器等）三种基本情况。

（1）纯电阻电路

生活中常用的白炽灯、电炉，其灯丝和电阻丝是用高电阻材料制成。它们的电感同电阻相比是极小的，可略去不计，这种负载组成的交流电路，我们称为纯电阻电路。

（2）纯电感电路

变压器和电动机中都有线圈。如线圈的电阻略去不计，这种线圈可看成纯电感线圈，将它与电源接通，即组成纯电感电路。

电感线圈对高频电流阻力大，对直流电流无阻力作用。电感线圈不消耗功率，即纯电感电路平均功率为零。

（3）纯电容电路

电容器的漏电阻和电感都很小，可忽略不计。把电容器接到交流电源上就组成了纯电容电路。

电容与电感线圈相反，电容对直流电流起隔断作用，而对高频电流阻力小。纯电容电路的功率与纯电感电路的功率相似，电容器不消耗功率，平均功率为零。

（4）RL 串联电路

把电阻与线圈串联后，接在交流电源上就组成了电阻和电感的串联电路，在电学中称 RL 串联电路，也称电感性负载电路。电力系统中，大多数负载都属于电感性负载。例如，日光灯就是由电阻（灯管）和电感（镇流器）串联而成，变压器、电动机、输电线都可看成 RL 串联电路。

3. 三相负载的连接

负载（用电器）有单相、三相两类。单相照明、单相电动机都属单相负载。三相电动机、三相电炉等都属三相负载。

三相负载有星形连接、三角形连接两种。三相负载应采用何种连接，必须根据每相负载的额定电压与电源线电压的关系而定。当负载的额定电压等于电源线电压时，负载应作三角形连接；当负载额定电压不等于电源线电压时，则负载应作星形连接；三相负载若对称，可用三相三线制星形连接，不用中线；三相负载不对称，只能作三相四线制星形连接，中线不但是必要的，而且是绝对不允许断开的。因为中线断开后，由于负载不对称，有些负载承受的电压将超过它的额定电压，造成电器损坏。所以中线上不允许装熔断器。

施工用电中要求，施工现场专用的中性点直接接地的电力线中，必须采用 TN-S 接零保护系统，即保护零线与工作零线分开的系统。

第三节　常用吊索具

索具是吊装或移运物体时所必需的连接工具的统称。有麻绳、尼龙绳、钢丝绳、吊索（千斤绳）、链条、绳夹、套环、花篮螺栓、卸扣等。

吊具是吊装所用工具的统称。有吊钩、吊环、吊耳、滑轮、滑轮组等。

一、钢丝绳

钢丝绳是起重吊装作业中的主要绳索。具有强度高，弹性大，韧性好、耐磨、耐久性好，自重轻，能承受冲击载荷等优点，能在高速下平稳运动而无噪声。且磨损后，表面会产生许多毛刺，容易检查，便于预防事故，因而在起重吊装作业中被广泛应用，可用作起重、牵引、捆绑及张紧等。

1. 钢丝绳的种类与构造

如图 7-1 所示，起重机械中常用的钢丝绳一般是由多束绳股围绕着一根绳芯（一般为麻芯或棉芯）捻成。绳股是由许多直径为 0.5～4.4mm，抗拉强度为 1470～1870MPa 的高强度钢丝捻成。按照钢丝绳的绕制方法，钢丝绳可分为同向捻、交互捻和多层不扭转捻钢丝绳。

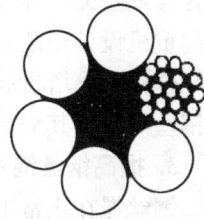

图 7-1　钢丝绳的构造

（1）同向捻

如图 7-2(a)所示，钢丝绕成股的方向与股绕成绳的方向相同。这种钢丝绳各钢丝之间的接触较好，表面比较平滑，挠性好，使用寿命长。但容易松散和扭转，故只宜用于经常保持张紧状态的地方，如塔式起重机小车运行机构中的牵引绳。

（2）交互捻

如图 7-2(b)所示，钢丝绕成股的方向与股绕成绳的方向相反。这种钢丝绳虽然其挠性、表面光滑程度和寿命都不及同向捻

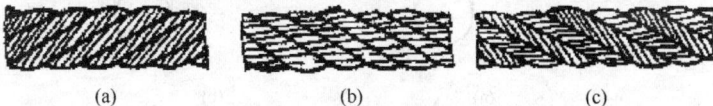

| (a) | (b) | (c) |

图 7-2　钢丝绳的绕向

(a) 同向捻；(b) 交互捻；(c) 混合捻

钢丝绳。但由于绳与股的扭转方向相反，故克服了扭转和容易松散的缺陷，安全性好，因此在起重机械中被广泛应用。

（3）多层不扭转钢丝绳（混合捻）

如图 7-3(c)所示，钢丝绳由两层或两层以上的绳股绕成，其相邻两股的捻向相反。因此，钢丝绳在受力时，其自由端不会发生旋转，但制造工艺复杂，一般多用于高层建筑施工用的塔式起重机中。

2. 钢丝绳的选用

塔式起重机应按作业条件选择钢丝绳，所选用的钢丝绳必须符合《钢丝绳 术语、标记和分类》GB/T 8706—2017 和《塔式起重机设计规范》GB/T 13752—2017 的要求，并必须有产品性能合格证。塔机起升钢丝绳宜使用不旋转钢丝绳。未采用不旋转钢丝绳时，其绳端应设有防扭装置。

3. 提高钢丝绳寿命的主要措施

钢丝绳在正常工作的条件下，突然破断情况很少，其破坏一般是在使用中逐渐发生的。随着使用时间的增加，外层钢丝逐渐磨损而断裂，当断裂达到一定数值时就必须报废，若继续使用就有整根钢丝绳破断的可能。钢丝绳的报废标准可查阅有关手册。

为了延长钢丝绳的使用寿命，除根据具体工作条件合理地选用钢丝绳外，还应注意以下几点：

（1）使用中尽量减少钢丝绳的弯折次数，选择合理的绕轮方向，尽量避免反向弯折（图 7-3），因为反向弯折会加剧钢丝绳

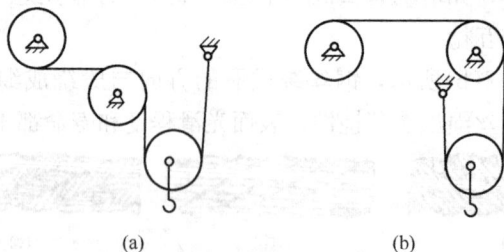

(a)　　　　　　　　　　(b)

图 7-3　钢丝绳的绕轮方向

（a）反向弯折；（b）同向弯折

的疲劳。

（2）尽可能增大滑轮和卷筒直径，以减少钢丝绳的弯曲应力。根据机构的工作级别，一般卷筒直径不得小于钢丝绳直径的14～20倍，而滑轮直径不得小于钢丝绳直径的16～22.4倍。如滑轮直径过小，将会使钢丝绳因弯曲半径过小而受损伤。

（3）滑轮直径、滑轮轮槽的宽度应与钢丝绳的直径相适应。一般取槽底半径为0.54～0.6倍钢丝绳直径。滑轮轮槽太窄，槽太小容易使钢丝绳卡紧，将会使滑轮轮槽边缘及钢丝绳受挤而损伤。

（4）滑轮的材料不可太硬，以免加速钢丝绳的磨损。实验表明，铸铁滑轮比钢制滑轮能提高钢丝绳寿命10%～20%，而用新型尼龙材料制成的滑轮可使钢丝绳寿命进一步提高。

（5）保持钢丝绳表面清洁和定期润滑。

4. 钢丝绳的报废

（1）钢丝绳的断丝

钢丝绳使用一定时间后，就会产生断丝、腐蚀和磨损现象，其承载能力减低。

钢丝绳的报废应符合《起重机　钢丝绳　保养、维护、检验和报废》GB/T 5972的规定。

（2）钢丝绳变形

当钢丝绳出现如图7-4所示变形情况时，钢丝绳应报废。

5. 钢丝绳末端的连接方法

钢丝绳与其他零构件连接或固定时，其连接或固定方式应与使用要求相符，且连接或固定部位应达到相应的强度和安全要求。

常用的连接和固定方式有以下几种：

（1）编绕法

编结长度不应小于钢丝绳直径的15倍，且不应小于300mm；连接强度不小于75%钢丝绳破断拉力。

（2）楔块、楔套连接

钢丝绳一端绕过楔，利用楔在套筒内的锁紧作用使钢丝绳固

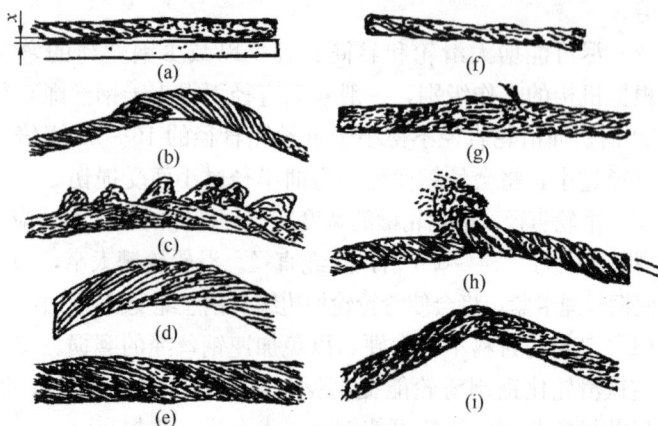

图 7-4　钢丝绳变形

（a）波浪形；（b）笼状畸变；（c）绳股挤出；（d）钢丝挤出；
（e）直径局部增大绳芯外露；（f）直径局部减小；（g）部分被压扁；
（h）严重扭结；（i）严重弯折

定。固定处的强度约为绳自身强度的 75％～85％。楔套应该用钢材制造，连接强度不小于 75％钢丝绳破断拉力。

（3）绳卡连接

钢丝绳绳卡连接简单、可靠，得到广泛的应用。用绳卡固定时，应注意绳卡数量、绳卡间距、绳卡的方向和固定处的强度。

1）连接强度不小于 85％钢丝绳破断拉力。

2）绳卡数量应根据钢丝绳直径满足表 7-1 的要求。

与钢丝绳直径匹配的绳卡数　　　　　　表 7-1

钢丝绳直径 mm	＜10	≥10～20	≥21～26	≥28～36	≥37～40
最少绳卡数目	3	4	5	6	7

注：绳卡数目中未包括安全绳卡。

3）绳卡压板应在钢丝绳长头一边，绳卡间距不应小于钢丝绳直径的 6 倍。

（4）锥形套浇铸法和铝合金套压缩法等的连接

钢丝绳末端穿过锥形套筒后松散钢丝，将头部钢丝弯成小钩，浇入金属液凝固而成。其连接应满足相应的工艺要求，固定处的强度与钢丝绳自身的强度大致相同。

二、卡环

1. 卡环种类与许用拉力

卡环又叫卸扣或卸甲，用于吊索、构件或吊环之间的连接，它是起重作业中用得广泛且较灵便的栓连工具，卡环有螺栓式和销子式之分，前者为常用。

卡环环体是用 Q235、20 号、25 号钢锻制而成。常用的卡环一般采用 20 号钢做本体，45 号或 40 号钢做插销。使用中要求选用标准卡环。

2. 卡环使用要求

使用中应使其符合受力方向的要求，图 7-5 所示卡环使用方法是错误的。钢丝绳受力方向与销轴垂直才是正确的。

图 7-5 卡环错误使用

如发现卡环有裂纹、加层皮、严重磨损或横轴弯曲等现象时，应停止使用，不得加温烤砸或施焊。在使用过程中，为防止横轴脱落掉下击伤人体和撞坏设备，要将横轴拴牢。

第八章　高处作业吊篮安装
拆卸工专业技术

第一节　高处作业吊篮基本知识

一、高处作业吊篮概述

1. 吊篮的定义

高处作业吊篮（简称吊篮）是一种悬挂装置架设于建筑物或构筑物上，提升机驱动悬吊平台通过钢丝绳沿立面上下运行的非常设悬挂设备。

2. 吊篮的应用范围

高处作业吊篮操作简单、移位容易、作业效率高，占地面积小，方便实用、安全可靠。吊篮适合各种复杂施工环境。可免搭脚手架，使施工成本大大降低。在高层建筑、楼房密集区的施工作业、住宅小区的维修粉刷，更能显示其经济、方便、安全、高效的优越性。吊篮主要用于高层建筑及多层建筑物的外墙施工、装修（如抹灰浆、贴墙砖、刷涂料）以及外墙保温、门窗安装、涂装、安装空调和幕墙（玻璃、石材、合金幕墙）的安装、维护、清洗等工程作业，也可用于船舶修造、电梯的安装作业以及油库、大型罐体、高大烟囱、桥梁和大坝工程检查、维修施工等作业。

3. 吊篮发展概况

吊篮在施工现场的应用可追溯到 20 世纪 30 年代。欧洲一家公司发明了手动提升机，并配以简易悬吊平台，研制出手动提升吊篮，此后又将电动机安装在提升机上，制成了首台电动吊篮。接着欧洲多家公司相继研制成功了各具特色的高处作业吊篮。

亚洲国家的高处作业吊篮发展相对滞后。日本、韩国有多家公司专门研发、生产和经营建筑吊篮、擦窗机等升降式建筑机械。

目前，国外吊篮制造企业相对集中在欧洲和日、韩。这些企业的发展历史悠久，产品制作精良，品牌信誉度高，但价格昂贵，其价格是我国吊篮价格的6～8倍。

我国的吊篮最早是从国外引进、消化、吸收而逐步发展起来的，尽管起步较晚，发展速度却非常快。从20世纪80年代初第一台吊篮研制成功问世起，至今已走过了三十多年的发展历程，大体上可分为初始起步、稳定发展和快速发展三个阶段：

初始起步阶段：自20世纪80年代初至90年代初，国内建筑施工企业从国外引进了电动吊篮，以取代传统落地式脚手架进行外墙装修施工。在这10年间，全国吊篮产销量以平均每年40%的幅度递增。此阶段吊篮生产技术工艺相对低下，配套协作体系并不完备，各零部件由各生产企业自行制造，吊篮生产规模水平较低。

自20世纪90年代初至21世纪初，是吊篮的稳定发展阶段。在这10年间，吊篮生产企业数量基本稳定在二十五、六家。年平均产销量增幅在8%左右，与国民经济增长速度基本保持同步。此阶段吊篮应用范围和市场大幅扩大，制造工艺和制造装备无明显改善和提高。

第三阶段是21世纪初至今的十多年，为快速发展阶段。跨入21世纪后，国民经济持续稳定快速发展，大型建筑和超高层建筑如雨后春笋般拔地而起。由于吊篮不可替代的优势，企业生产形式也由过去"麻雀虽小、五脏俱全"的全能型转向专业化、规模化生产，生产技术装备和工艺水平有了较大提高，吊篮零部件配套协作体系进一步完善，压铸成型工艺、机械加工中心、自动测试系统、装配流水线、零部件专业化生产

75

等广泛应用于生产过程中。吊篮的制造和应用进入了快速发展阶段。

经过30多年的发展，我国制造的吊篮产品的工艺水平和技术性能，均已达到国际先进水平，已应用在国内外众多重大工程如三峡工程、南水北调工程、高铁工程、迪拜塔工程、上海中心工程等。我国生产的吊篮设备已在世界各地得到广泛应用。

4. 吊篮的发展趋势

高处作业吊篮作为新兴的高空作业设备，正在逐渐得到广大用户的认可。随着我国高处作业吊篮行业发展日趋完善，吊篮的结构形式更趋于多样，以满足不同工况、不同工种的需要，将更加注重细节设计以提高吊篮使用的安全性和便捷性。主要表现在以下几个方面：

（1）应用范围的扩展

吊篮因具有安装快捷、操作简单、型式多样、使用方便、安全可靠等特点，能有效缩短建筑工期，减轻工人劳动强度，显著提高劳动效率，降低施工成本。吊篮应用已从单一的高层建筑外墙装饰施工逐渐向船舶、桥梁、电梯、烟囱、风电等领域扩展。

（2）型号的发展

为满足各种工况要求，吊篮型号将涵盖从小型到大型各个系列。小型吊篮仅为一个单人吊椅，施工位置灵活，可用于建筑物外墙清洗维修等工作。大型吊篮的趋势是大跨度大载荷，这样的吊篮可以承担一定的运输任务，同时便于协同工作，特别是在桥梁和横跨建筑的施工方面具有优势。

（3）模块化设计

在高处作业吊篮的设计方面将采用组合化设计、模块化设计，这样的吊篮可根据需要用标准件组合各种型号，便于储存、运输和更换。吊篮也将向定制的方向发展以满足各种特殊场合的使用，比如用于异形建筑、桥梁立柱、桥梁斜拉钢索、风力发电机、电站冷却塔、水坝倾斜面的建设施工和维护保养。这些施工表面往往都是曲面或者倾斜面，因此，需要各种形状和能组合成不同形式的高处作业吊篮来满足使用要求。

（4）安全监控

为避免违规操作行为，安全监控系统将在吊篮上应用。系统将提升机、安全锁、起重量限制装置、限位装置、作业人员安全带等安全装置的数据集中处理，对各个参数进行实时监控，全方位提供安全保护，做到预防为主，以避免事故的发生。

（5）安全监测管理

为保证高处作业吊篮整机结构安全可靠，安全监测管理系统将通过应力动态测试、无损检测加上多种专用传感器等对钢结构、钢丝绳、整机稳定性、操作电路等进行实时安全监测。安全监测相当于医生对病人的在线诊断，由此可以实现对设备健康状态的识别，对潜在的危险状况进行提前预测，预防事故发生。

（6）信息化技术的应用

物联网技术的发展可以将高处作业吊篮本身的安全装置、安全监控系统、GPS 定位、GPRS 数据传输给基于物联网技术组成建筑机械设备网络，及时直观显示吊篮各项工作状态，记录作业全过程，远程监控预警，主管部门、使用单位、租赁单位都能实时在终端看到设备的运行状况，设备的管理将实现远程化，更加方便快捷。

5. 吊篮的分类

吊篮按驱动形式可分为手动、气动和电动。按特性可分为爬升式、卷扬式和夹钳式。本教材主要介绍在施工现场应用最为普遍的电动爬升式吊篮。

国家标准《高处作业吊篮》GB/T 19155—2017 规定：吊篮型号由类、组、型代号、特性代号、主参数代号、悬吊平台结构层数和更新变型代号组成，吊篮的主参数用额定载重量表示。

更新变型代号：按汉语拼音字母（大写印刷体）
A、B、C...表示

主参数代号：额定载重量，单位为千克(kg)

特性代号：爬升式——P，卷扬式——J，
夹钳式——K

型式代号：手动——S，气动——Q，
电动——D（可省略）

组代号：吊篮——L

类代号：装修机械——Z

悬吊平台结构层数：用数字2、3...表示，单层不注。

示例：

（1）额定载重量 500kg 电动、单层爬升式高处作业吊篮，标记为：

高处作业吊篮 ZLP500　GB/T 19155—2017

（2）额定载重量 800kg 电动、双层爬升式高处作业吊篮第一次变型产品，标记为：高处作业吊篮 2ZLP800A　GB/T 19155—2017

二、吊篮安装拆卸工基本要求

吊篮安装拆卸工应当指经过培训、具有专业的知识和实践经验并考核合格，有能力在建筑工程施工现场安全从事高处作业吊篮安装、拆卸和维修作业的人员。

吊篮安装拆卸工应当持证上岗。

第二节　高处作业吊篮组成与技术要求

一、基本组成

常见的吊篮主要由悬挂装置、配重、悬吊平台、提升机、电气控制系统、安全保护装置、工作钢丝绳和安全钢丝绳组成（图 8-1）。

78

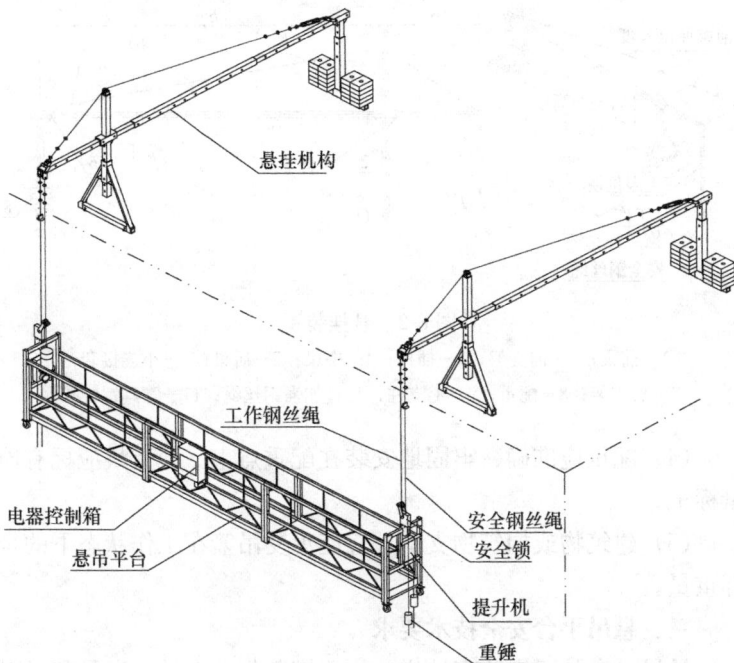

图 8-1 高处作业吊篮

二、悬挂装置安全技术要求

悬挂装置是架设于建筑物或构筑物上，通过钢丝绳悬挂悬吊平台的机构。根据建筑物的不同，可有多种结构形式。目前常见的为杠杆式悬挂装置。

（1）杠杆式悬挂装置（图 8-2）。此类型悬挂装置类似杠杆，由后部配重平衡悬吊部分的工作载荷。前、后梁均可在说明书允许的范围内伸缩，使其具有不同的悬伸长度。前梁前端装有安全钢丝绳和工作钢丝绳。后支架下部装有立管，用于码放配重块。横梁上方装有张紧钢丝绳，用以增强梁的承载能力。

（2）悬挂装置应有足够的强度和刚度。

（3）单边悬挂悬吊平台时，悬挂装置应能承受平台自重、额定载重量及钢丝绳的自重。

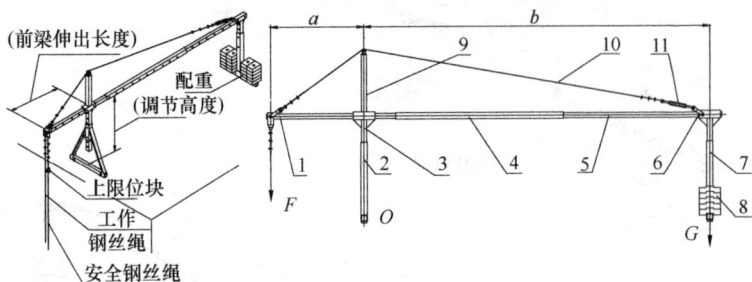

图 8-2　悬挂装置

1—前梁；2—前支架；3—插杆；4—中梁；5—后梁；6—小连接套；
7—后支架；8—配重；9—上支柱；10—加强钢丝绳；11—索具螺旋扣

（4）配重应准确、牢固地安装在配重点上。配重块应标有质量标记。

（5）建筑物或构筑物支承处应能承受吊篮在工作状态下的全部重量。

三、悬吊平台安全技术要求

悬吊平台是四周装有护栏，用于搭载作业人员、工具和材料进行高处作业的悬挂装置。悬吊平台按材质可分为铝合金平台和钢结构平台。根据作业功能、作业部位等可制成多种不同的形式。悬吊平台一般由一至三个基本节及两端的提升机安装架拼装而成。基本节由前、后护栏及底板组成（图 8-3）。

悬吊平台技术要求：

（1）悬吊平台应有足够的强度和刚度。

（2）悬吊平台四周装有固定的安全护栏并设有腹杆，护栏高度不应低于 1.0m。底部装有防滑板。底板开孔能防止直径为 15mm 的球体通过。

（3）悬吊平台在工作时倾斜角度不应大于 14°。

（4）悬吊平台上应设有操作用按钮开关，操作系统应灵敏可靠。

（5）悬吊平台应设有靠墙轮或缓冲装置。

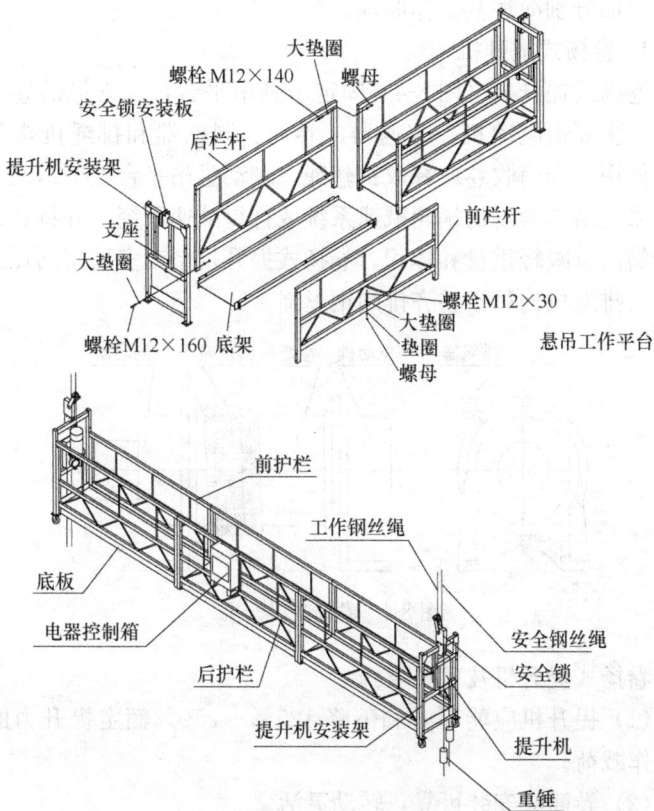

图 8-3 悬吊平台

（6）悬吊平台上应醒目地注明额定载重量和允许乘载的人数及其他注意事项。

（7）应根据平台内人员数配备独立的坠落防护安全绳。与每根坠落防护安全绳相系人数不应超过两人。

（8）当有外部物体可能落到平台上且可能危及人身安全时，应安装防护顶板或采取保护措施。

四、提升机安全技术要求

根据提升特性不同，提升机可分为卷扬式、爬升式和夹钳式。下面分别简述其工作原理。

1. 卷扬式提升机

卷扬式提升机（图 8-4）固定于悬吊平台，与常见的卷扬机类似。主要由电动机、减速器、卷筒、制动器和排绳机构等组成。使用时卷筒收卷或释放钢丝绳，带动悬吊平台上下运动。减速器采用结构紧凑的蜗轮减速系统或行星减速系统，并将其设置在卷筒内以减轻重量和体积。卷扬式提升机制动多采用闸瓦式制动器。排绳机构用于整齐排列钢丝绳。

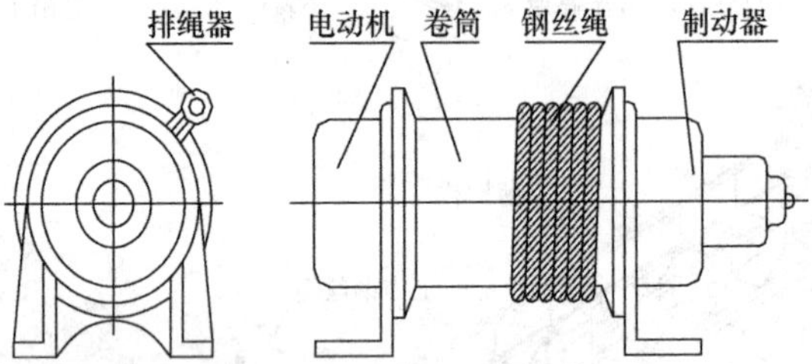

图 8-4　卷扬式提升机

卷扬式提升机技术要求：

（1）提升机应能起升和下降 125％～250％ 额定提升力的极限工作载荷。

（2）卷筒应安装可靠，转动灵活。

（3）钢丝绳的固定装置应安全可靠，并易于检查。在悬吊平台至最低位置时，卷筒上的钢丝绳安全圈数不应少于 3 圈。根据机构的工作级别，一般卷筒直径不得小于钢丝绳直径的 14～20 倍。

（4）钢丝绳在卷筒上应排列整齐。必须设置钢丝绳的防松装置和排绳装置，当钢丝绳发生松弛、乱绳、断绳时，卷筒应立即停止转动。排绳机构应使钢丝绳安全无障碍地通过，并正确缠绕在卷筒上。

（5）减速器不得漏油，渗油不得超过一处（渗油量在 10min 内超过一滴为漏油，不足一滴为渗油）。

（6）卷扬式提升机必须配备主制动器和后备制动器两套制动器。制动器应动作准确可靠，便于检修和调整。制动器必须设有手动释放装置，动作应灵敏可靠。当停电或电源故障时，作业人员能安全撤离。

2. 爬升式提升机

爬升式提升机主要由电动机、减速系统、绳轮、限速器和制动器组成（图 8-5）。

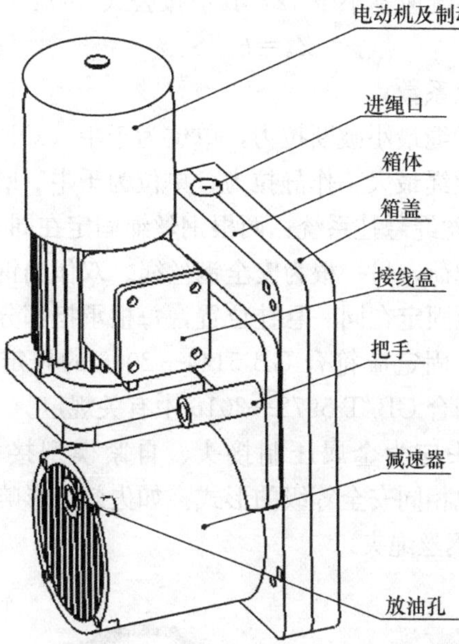

电动机及制动器

进绳口

箱体

箱盖

接线盒

把手

减速器

放油孔

图 8-5　爬升式提升机外形

爬升式提升机技术要求：

（1）提升机应能起升和下降 125%～250%额定提升力的极限工作载荷。

（2）提升机应具有良好的穿绳性能，不得卡绳和堵绳。

（3）减速器不得漏油，渗油不得超过一处（渗油量在 10min 内超过一滴为漏油，不足一滴为渗油）。

（4）制动器必须设有手动释放装置，动作应灵敏可靠。当停电或电源故障时，作业人员能安全撤离。

五、钢丝绳安全技术要求

吊篮宜使用高强度、镀锌、柔度好、捻制均匀、松紧一致、表面光滑平整的吊篮专用优质钢丝绳，其性能应符合《重要用途钢丝绳》GB/T 8918—2006 的规定。

钢丝绳安全系数：单作用钢丝绳悬挂系统应不小于 8，双作用钢丝绳悬挂系统应不小于 12，其值按公式计算：

$$Z_p = F_0 / S$$

Z_p——安全系数；

F_0——钢丝绳最小破断拉力，单位为千牛（kN）；

S——钢丝绳最大工作静拉力，单位为千牛（kN）。

（单作用钢丝绳悬挂系统：两根钢丝绳固定在同一悬挂位置，一根承担悬挂载荷，另一根为安全钢丝绳。双作用钢丝绳悬挂系统：两根钢丝绳固定在同一悬挂位置，每根承担部分悬挂载荷。）

钢丝绳绳端固定应符合 GB 5144—2006 的规定，钢丝绳的检查和报废应符合 GB/T 5972—2016 中有关规定。

钢丝绳端头应为金属压制接头、自紧楔型接头（图 8-6）等，或采用其他相同安全等级的形式。如失效会影响安全时，则不能使用 U 形钢丝绳夹。

钢丝绳楔型接头　　　　　　　钢丝绳压制接头

图 8-6　钢丝绳端头固定

工作钢丝绳最小直径不应小于 6mm，安全钢丝绳宜选用与工作钢丝绳相同的型号、规格。在正常运行时，安全钢丝绳应处于悬垂状态。安全钢丝绳必须独立于工作钢丝绳另行悬挂。钢丝绳下部应配置重锤。

六、电气控制系统安全技术要求

电气控制系统由电器控制箱、电磁制动电机、上限位开关和手握开关等组成。见图 8-7 在电气控制箱上设有上、下操作按钮、调平转换开关和急停按钮，并设有操作手柄。操作电压通常为 36V，以保证安全。

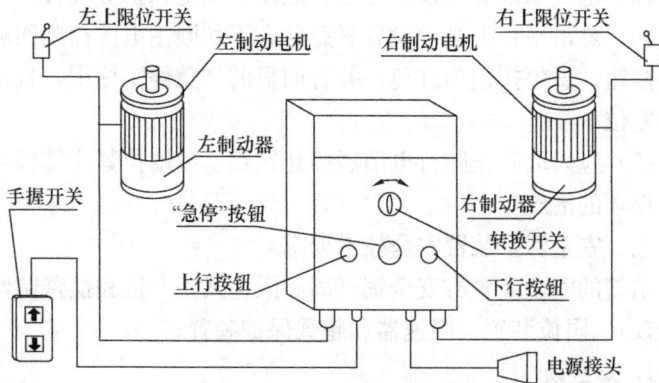

图 8-7　电气控制系统

操作控制电路由控制变压器转换成 36V 低压电控制，操作安全、方便。工作时，可在电器箱上操作，也可通过手握开关进行操作。电机可同时运行，也可以单独运行，只需转动电器箱面板上的转换开关即可实现操作转换。当转换开关转至一侧时，即可实现单机运行。

在悬吊平台工作区域的上限位置设置上限位块，上限位行程开关触及上限位块后，电机停止运行，报警铃响。此时悬吊平台只能往下运行。

技术要求：

（1）电气控制系统供电采用三相五线制。接零、接地线应始终分开，接地线应采用黄绿相间线。

（2）吊篮的电气系统应可靠接地，接地电阻不应大于 4Ω，在接地装置处应有接地标志。电气控制部分应有防水、防震、防尘措施。其元件应排列整齐，连接牢固，绝缘可靠。电控柜门应装锁。

（3）控制按钮开关动作应准确可靠，标识清晰、准确。其外露部分由绝缘材料制成，应能承受 50Hz 正弦波形、1250V 电压、为时 1min 的耐压试验。

（4）带电零件与机体间的绝缘电阻不应低于 2MΩ。

（5）电气系统必须设置过热、短路、漏电保护等装置。

（6）悬吊平台上必须设置紧急状态下切断主电源控制回路的急停按钮。急停按钮为红色，并有明显的"急停"标记，且不能自动复位。

（7）应采取防止随行电缆碰撞建筑物、过度拉紧或其他可能导致损坏的措施。

七、安全保护装置安全技术要求

吊篮的安全装置有安全锁（离心限速式安全锁和摆臂防倾式安全锁）、限位装置、限速器和超载保护装置。

1. 安全锁

安全锁是保证吊篮安全工作的重要部件。当提升机故障或工作钢丝绳断裂，悬吊平台发生超速下滑、倾斜等意外情况时，安全锁能迅速将悬吊平台锁定在安全钢丝绳上。根据工作特性可分为离心限速式和摆臂防倾斜式（图 8-8）。

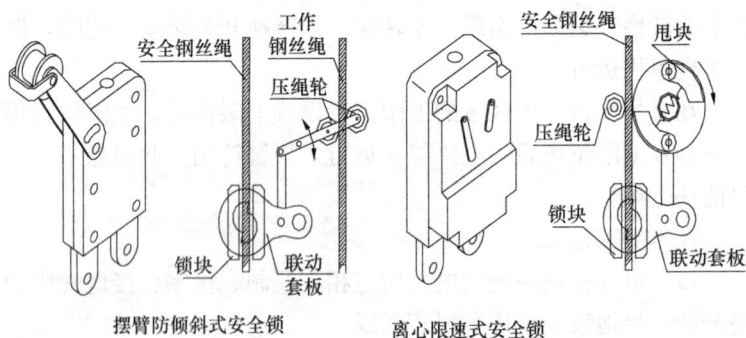

摆臂防倾斜式安全锁　　离心限速式安全锁

图 8-8　安全锁

（1）离心限速式安全锁

此类安全锁设有绳速离心触发机构。安全钢丝绳由入绳口进入压紧轮与转盘间，当悬吊平台上下运行时摩擦力带动压紧轮和转盘转动，在转盘上设有甩块，当悬吊平台因故障或工作钢丝绳断裂下降速度达设定值时（小于 1.5 倍额定速度），甩块产生的离心力克服弹簧拉力向外甩开触发锁绳机构动作，锁块锁紧安全钢丝绳，悬吊平台停止下降，在 500mm 范围内停住。

（2）摆臂防倾斜式安全锁

此类安全锁设有悬吊平台倾斜角度及工作钢丝绳张力锁绳触发机构。当悬吊平台倾斜达设定值或工作钢丝绳断裂、松弛时，触发锁绳机构动作，使锁块锁紧安全钢丝绳，悬吊平台停止下降，在 500mm 范围内停住。

（3）技术要求

1）安全锁在锁绳状态下应不能自动复位。

2）安全锁承受静力试验载荷时，静置 10min，不得有任何滑移现象。

3）安全锁与悬吊平台应连接可靠。

4）离心触发式安全锁锁绳速度应不大于 30m/min。

5）摆臂防倾斜式安全锁锁绳角度应不大于 14°。

6）锁绳距离应不大于 500mm。

7）安全锁必须在有效标定期限内使用，有效标定期限不大于一年。

2. 限位装置

限位装置分为上、下限位装置，一般安装在悬吊平台两端顶部和底部工作钢丝绳附近，由安装在钢丝绳上的挡块触发。当悬吊平台到达预设极限位置时可断开运行电路，使悬吊平台停止上升或下降。此时应将悬吊平台及时脱离极限位置。

3. 限速器

提升机电动机输出轴端装有离心限速器。当悬吊平台下降速度超过额定下降速度时，限速器的转速随之加快，甩块在离心力的作用下向外张开，限速块与制动毂内壁摩擦。手动滑降装置应灵敏可靠，下降速度不应大于 1.5 倍的额定速度。

4. 限载保护装置

限载保护器一般设在提升机与悬吊平台的连接处或提升机内。当悬吊平台超载时，销轴压力或钢丝绳的张力加大，超载保护装置启动，断开悬吊平台运行电路，使悬吊平台停止向上运行。需卸去多余载荷后方可正常运行。

八、高处作业吊篮整体安全技术要求

1. 整体要求

（1）标准件、配套件、外购件、外协件应有合格证方可使用；自制零部件均应经检验合格后方可装配。原材料应有合格证，并符合产品图样规定。

（2）所有零部件的应正确、完整、连接牢固可靠。

（3）焊接质量应符合产品图样的规定。

（4）结构件应进行有效的防腐处理。

（5）吊篮在下述条件下应能正常工作：

1）环境温度：$-10 \sim +55$℃；

2）环境相对湿度不大于 90%（25℃）；

3）电源电压偏离额定值不大于 ±5%；

4）工作处阵风风速不大于 8.3m/s（相当于 5 级风力）。

2. 吊篮对建筑物的要求

（1）建筑物结构应能承受吊篮工作时对结构施加的最大作用力。

（2）楼面上设置安全锚固环或安装吊篮用的预埋螺栓直径应不小于 16mm。

（3）在建筑物的适当位置，应设置供吊篮使用的电源配电箱。该配电箱应防雨、防尘，在紧急情况时能方便及时切断电源。

3. 吊篮的技术性能要求

（1）吊篮的各机构作业时应保证：

1）电气系统与控制系统功能正常，动作灵敏可靠；

2）安全保护装置与限位装置动作准确，安全可靠；

3）各传动机构运转平稳，不得有过热、异常声响或振动，提升机等无渗油现象。

（2）平台升降速度应不大于 18m/mim，其误差不大于设计值的±5%。

（3）吊篮在额定载重量工作时，距离噪声源 1m 处的噪声值应不大于 79dB（A）。

4. 结构件的报废

（1）吊篮主要结构件由于腐蚀、磨损等原因，强度或稳定性不符合要求时应进行修复和加强，否则应予以报废。

（2）悬挂装置等整体失稳后不得修复，应予报废。

（3）当结构件及其焊缝出现裂纹时，应分析原因，根据受力和裂纹情况采取加强措施。应达到原设计要求才能继续使用，否则应予报废。

九、吊篮常见故障和处置方法

施工过程中会遇到一些突发情况，此时作业人员必须要保持镇静，切忌惊慌失措，应采取合理有效的应急措施，果断排除险情，避免造成生命和财产损失。

1. 几种主要应急措施

（1）施工中突然断电

施工中突然断电时，应立即关上电器箱的电源总开关，切断电源，防止突然来电时发生意外。然后与地面或屋顶有关人员联络，判明断电原因，决定是否返回地面。若短时间停电，待接到来电通知后，合上电源总开关，经检查正常后再开始工作。若长时间停电或因本设备故障断电，应及时采取手动方式使悬吊平台平稳滑降至地面。

此时严禁贸然跨过悬吊平台护栏钻入附近窗口离开悬吊平台，以防不慎坠落造成人身伤害。

当确认手动滑降装置失效时，应与篮外人员联络，在采取相应安全措施后，方可通过附近窗口撤离。

（2）松开升、降按钮后，不能停止上、下运行

悬吊平台上升或下降按钮都是点动按钮，正常情况下，按住上升或下降按钮，悬吊平台向上或向下运行，松开按钮便停止运行。当出现松开按钮，但无法停止悬吊平台运行时，应立即按下电器箱或按钮盒上的红色急停按钮，或者立即关上电源总开关，切断电源，使悬吊平台紧急停止。然后采用手动滑降使悬吊平台平稳落地。由专业维修人员在地面排除故障后，再进行作业。

（3）在上升或下降过程中悬吊平台倾斜角度过大

当悬吊平台倾斜角度过大时，应及时停车，将电器箱上的转换开关旋至悬吊平台底端提升机运行挡，然后按上升按钮直至悬吊平台接近水平状态为止，再将转换开关旋回两端同时运行挡，照常进行作业。

如果在上升或下降的单项全程运行中，悬吊平台需频繁进行上述调整时，应及时将悬吊平台降至地面，检查并调整两端提升电动机的电磁制动器间隙，使之符合《使用说明书》的要求，然后再检测两端提升机的同步性能，若差异仍过大，应更换电动机，选择一对同步性能较好的电动机配对使用。

使用防倾斜式安全锁的吊篮，在下降过程中出现底端安全锁经常锁绳时，也可采用上述方法。当悬吊平台调平后，便可自动解除安全锁的锁绳状态。

（4）工作钢丝绳卡在提升机内

钢丝绳松股、局部凸起变形或粘结涂料、水泥、胶状物时，均会造成钢丝绳卡在提升机内的严重故障。此时应立即停机，严禁用反复升、降操作来强行排除险情。否则轻则造成提升机损坏，重则切断机内钢丝绳，造成悬吊平台一端坠落，甚至机毁人亡。

发生卡绳故障时，机内人员应保持冷静，在确保安全的前提下撤离悬吊平台，并派经过专业培训的维修人员进入悬吊平台进行维修。

维修时，首先将故障端的安全钢丝绳缠绕在悬吊平台安装架上，用钢丝绳夹夹紧，使之承受此端悬吊载荷，然后在悬挂装置

相应位置重新安装一根钢丝绳，在此钢丝绳上安装一台完好的提升机并升至悬吊平台，置换故障提升机。再将该端悬吊平台提升0.5m左右停止不动，取下安全钢丝绳的绳夹，使其恢复到悬垂位置。然后将悬吊平台降至地面。将提升机解体，取出卡在内部的钢丝绳。最后对提升机进行全面严格的检查和修复，受损零部件必须更换，不得勉强继续使用，埋下事故隐患。

（5）一端工作钢丝绳破断、安全锁锁住安全绳

当一端工作钢丝绳破断，安全锁锁住安全钢丝绳时，仍然采用上述方法排除险情。但是特别注意动作要轻，要平稳、避免安全锁受到过大冲击和干扰。

（6）一端悬挂装置失效，悬吊平台单点悬挂而直立

由于一端工作钢丝绳破断，同侧安全锁又失灵或者一侧悬挂装置失去作用，造成一端悬挂失效，仅剩下一端悬挂，致使悬吊平台倾翻甚至直立时，作业人员应保持冷静。有安全带吊住的人员应攀到悬吊平台上便于蹬踏之处，无安全带吊住的人员，要紧紧抓牢悬吊平台上一切可抓的部位，然后攀至更有利的位置。此时所有人员都应注意：动作不可过猛，尽量保存体力，等待救援。

救援人员应根据现场情况尽快采取最有效的应急方法，紧张而有序地进行施救。如果附近另有吊篮，应尽快将其移至离事故吊篮最近的位置，在确认新装吊篮安装无误、运转正常后（避免忙中出错，造成连带事故），迅速提升悬吊平台到达事故位置，先营救作业人员，随后再排除设备险情。

2. 常见故障及排除方法（表 8-1）

常见故障及排除方法   表 8-1

序号	故障现象	原因	排除方法
1	悬吊平台静止时下滑	电机电磁制动器磨损；间隙过大	① 调整摩擦盘与衔铁的间隙，合理间隙应为 0.5～0.6mm
			② 更换电磁制动器或摩擦盘

序号	故障现象	原因	排除方法
2	平台升降时停不住	控制按钮损坏；交流接触器主触点未脱开	按下"急停"按钮使悬吊平台停住，断电后更换接触器或控制按钮
3	悬吊平台不能升降	供电不正常；控制线路失灵	① 检查有无漏电，检查三相供电是否正常
			② 等几分钟后再启动或更换热继电器
			③ 检查并插紧接插件或更换
			④ 检查熔断丝或更换
4	悬吊平台异常倾斜	电机电磁制动器磨损；离心限速器弹簧松弛；平台内载荷不均	① 调整电磁制动器间隙
			② 更换离心限速器弹簧
			③ 调整平台内载荷
5	提升机有异常噪声	提升机内零部件损坏	更换受损零件
6	提升机不动作或电机发热冒烟	制动器衔铁不动作或衔铁与摩擦盘的间隙过小；制动器线圈烧坏；整流模块损坏；热继电器或接触器损坏；转换开关损坏	①调整制动器衔铁与摩擦盘的间隙或更换衔铁
			② 更换制动器线圈
			③ 换整流模块
			④ 更换热继电器或接触器
			⑤ 更换转换开关
7	工作钢丝绳不能穿入提升机或异常磨损	钢丝绳端头焊接质量不佳；支承组件或压绳机构损坏	① 磨光钢丝绳端头焊接部位或重新制作端头
			② 更换支承组件、导绳轮或压绳机构
8	提升机或电机异常噪声	电机或提升机内零部件受损	更换损坏零部件

序号	故障现象	原因	排除方法
9	提升机带不动悬吊平台	电源电压过低或缺相；传动装置损坏；制动器未打开或未完全打开；压绳机构杠杆变形	① 检查供电电源 ② 检修提升机 ③ 调整制动器间隙，并检查制动器能否正常吸合 ④ 校直压绳机构杠杆或更换
10	悬吊平台无法下行	两套悬挂装置的间距太小，使安全锁起锁	防止安全锁起锁，降至地面后调整悬挂装置的间距
11	工作时总线路跳闸	电源线进继电器箱前经过总线的三相漏电保护开关	① 总线改为四相漏电保护器 ② 跳过总线漏电保护开关
12	离心触发式安全锁离心机构不动作	离心弹簧过紧；绳轮弹簧压紧不够；异物堆积	① 更换离心弹簧或绳轮弹簧 ② 清除异物，并重新标定
13	安全锁锁绳时打滑或锁绳角度偏大	安全钢丝绳上有油污；安全锁绳夹磨损；安全锁动作迟缓；两套悬挂装置间距过大	① 清洁或更换钢丝绳 ② 更换安全锁绳夹 ③ 更换安全锁扭簧 ④ 调整悬挂装置间距

十、吊篮的维护和保养

1. 悬吊平台和提升机

（1）悬吊平台的拼接长度不得超过产品使用说明书及有关主管部门规定的长度。

（2）各部件连接销轴、螺栓应紧固、齐全、可靠。焊接处不得有脱焊或漏焊。

（3）限位、限载保护、限速保护等装置应齐全、完好。

（4）使用时经常检查电动机、提升机，应无过热、异响等现象，否则应停止使用。

（5）每天使用后，应关闭电源开关，锁好电器箱。露天存放要做好防雨措施，避免雨水进入提升机、安全锁和电器箱。

（6）及时清除提升机外表面污物，避免进、出绳口进入杂物而损坏机内零件。

（7）按产品使用说明书要求及时更换、加注规定的润滑剂。

（8）作业前必须进行空载运行，应无异响或异味。如发现异常情况，应及时停止使用，由专业人员进行检修。

（9）安装、运输及使用过程中应避免碰撞。

（10）定期由专业维修人员进行检修。按说明书规定定期送专业厂家进行大修。

2. 安全锁

（1）安全锁必须在标定有效期内使用。标定牌应可靠固定在安全锁上，且保持字迹清晰、信息完整。

（2）安全锁应动作灵活，锁绳可靠。应及时清除钢丝绳上的胶水、砂浆及杂物，以免进入安全锁内而降低安全性能。

（3）安全锁发生故障后，应由专业人员修理、检测合格后方可使用。严禁自行拆卸、修理。

（4）使用时严禁人为固定安全锁开启手柄而使其失效。

（5）当安全钢丝绳处于绷紧状态时，不得强行扳动开启手柄。

（6）在正常使用时，严禁使用安全锁制动。

（7）每天使用后，应将悬吊平台降至地面，放松工作钢丝绳，使安全锁摆臂处于松弛状态。

（8）每次使用前应按要求进行锁绳试验，检验合格后才能使用。

（9）达到规定标定期限的安全锁，应及时送生产厂家进行检修和重新标定。

3. 悬挂装置

（1）作业前全面检查焊缝，应无脱焊或漏焊，连接件、紧固件等应齐全、可靠，并经常检查，如有松动应及时加固。

（2）每班作业前应检查配重符合使用说明书要求，不得失缺，并有固定措施防止滑落和丢失。

（3）搬运、安装时应避免强烈碰撞。

（4）使用后应及时清理表面污物。清理时应避免使用锐器而损伤防锈漆层。

（5）出现焊缝开裂、构件变形时，应采用合理工艺修复。漆层脱落应及时补漆，避免锈蚀。

4. 电气控制系统

（1）电动机起动频率不得大于 6 次/min，连续不间断工作时间应小于 30min。

（2）电缆线悬吊长度超过 100m 时，应采取电缆抗拉保护措施。

（3）经常检查各电气接头，应无松动，否则应及时紧固。

（4）应将悬垂的电源电缆线固定在悬吊平台上，避免插头直接受拉。

（5）电气箱、限位开关和电缆应避免外力冲击。

（6）使用后，应关闭电源，锁好电气箱，并妥当遮盖以防雨淋。

（7）如有电气故障，应由专业维修人员进行修理。

5. 钢丝绳

（1）及时清除工作钢丝绳、安全钢丝绳上黏附的砂浆、涂料等杂物。

（2）钢丝绳夹处出现局部损伤或疲劳破坏时，应及时重新固定。

（3）经常检查钢丝绳，应无松股、扭结、断丝、压扁等缺陷。钢丝绳报废应符合 GB/T 5972—2016 的规定，如出现下列情况之一时，必须立即报废：

1）钢丝绳在 $6d$（d—钢丝绳直径）长度范围内出现 5 根以上及 $30d$ 长度范围内出现 10 根以上断丝时；

2）断丝局部聚集。当断丝在小于 $6d$ 的长度范围内，或集中在任一绳股内，即使断丝数小于上述断丝数值，也应报废；

3）出现严重扭结、严重弯折、压扁、钢丝外飞、绳芯挤出及断股等；

4）钢丝绳直径减少7%；

5）表面钢丝磨损或腐蚀达到表面钢丝直径的40%以上，钢丝绳明显变硬；

6）由于过热或电弧造成的损伤。

6. 安全绳维护保养

安全绳应无磨损、腐蚀、断裂、松散、变形、打结等现象，安全绳上自锁器等应配备完好，安全绳应保持清洁，妥善存放在干燥通风的库房内，不宜接触明火、酸碱类物品，不得与锋利物品接触，如有污垢应清洗晾干，不得用热水浸泡、日晒火烤。

7. 日常检查（一级保养）

（1）日常保养由操作人员按期进行提升机清扫、清洁保养、换油及电磁制动器间隙的检查、调整。清除钢丝绳上的污物，并尽可能去除锈迹。清除悬吊平台、提升机、安全锁表面的污物。

（2）日常检查内容（表8-2）

表 8-2

吊篮日常检查表

序号	检查部位	检查项目	检查结果
1	悬挂装置	定位可靠，安装位置未移动	
		配重无失缺、破损，固定正确	
		销轴、紧固件齐全，连接可靠	
2	钢丝绳	与悬挂装置连接牢固，绳夹无松动	
		无松股、毛刺、断丝、压痕、锈蚀	
		无附着砂浆、涂料等杂物	
		限位挡块及下端重锤齐全完好，无松动	
3	悬吊平台	焊缝无开裂，销轴、螺栓紧固，结构件无变形	
		底板、挡板和护栏牢固，无破损	

序号	检查部位	检查项目	检查结果
4	提升机	油量充足，润滑良好，无渗、漏	
		与悬吊平台连接牢固	
		手动滑降有效	
5	安全锁	穿绳性能良好	
		手动锁绳有效	
6	电气系统	接零可靠，漏电保护有效，作业人员穿防滑绝缘鞋	
		通信正常	
		电线、电缆无破损，有保护措施	
7	安全带安全绳	无磨损、腐蚀、断裂	
		金属配件完好	
		连接符合要求	
8	空载运行试验	操作按钮动作灵敏、正常	
		上、限位有效	
		提升机起动、制动正常，运行平稳	
		安全锁手动锁绳正常	
		整机无异响及其他异常情况	
日期		设备编号	

安全评价结论		检查人	
		负责人	

（3）日常检查要求

1）每班作业前，由操作人员按吊篮日常检查内容逐项进行检查。

2）检查中发现情况应及时解决。对需要专业人员修理的故障，应及时汇报主管领导，不得带病作业。

3）检查后，由操作人员如实填写"吊篮日常检查表"，应每班、每台填写。

4）操作人员填表并签字，交主管领导审批签字后方可上机操作。

8. 定期检修（二级保养）

（1）定期检修由专业维修人员进行。

（2）除日常检查内容外，定期检修还应重点检查以下内容（表 8-3）：

定期检修检查表　表 8-3

序号	部位	检查项目	检查情况	处理办法	修理结果
1	电气控制系统	电缆线无损伤			
		电缆线固定良好			
		各电器元件无破损、失灵			
		继电器、接触器触点无烧蚀			
		限位装置灵活、可靠完好			
		操作按钮灵活、可靠完好			
		绝缘、接地、接零电阻符合规定			
2	悬挂装置	构件无变形、腐蚀			
		焊缝无开裂			
		销轴、紧固件无松动			
3	钢丝绳	无断丝、断股、磨损			
		钢丝绳夹无松动			
4	安全绳安全带	固定端及与墙角接触处应无磨损			
		无断丝、断股、磨损			
5	安全锁	转动部位润滑良好，适量注油			
		弹簧复位力正常			
		手柄动作灵活、正常			
		滚轮转动灵活、无磨损			

序号	部位	检查项目	检查情况	处理办法	修理结果
6	提升机	无渗、漏油			
		进、出绳口磨损正常			
		无异常噪声			
		手动滑降性能良好			
		制动良好、摩擦盘磨损正常			
7	悬吊平台	构件变形、腐蚀			
		焊缝开裂、裂纹			
		销轴、紧固件无松动			
日期		设备编号		检查人	
维修结论				维修人	
				批准人	

（3）对检查中发现的问题，应逐条记录并制定维修方案，经主管领导批准后由专业维修人员进行维修保养。

（4）定期检修期限

连续施工作业的吊篮，视作业频繁程度每 1～2 月应进行定期检修。

间歇施工作业的吊篮，累计运行 300h 应进行定期检修。

停用一个月以上的吊篮，在使用前应进行定期检修。

完成一工程项目，吊篮拆卸后，应进行定期检修。

9. 定期大修（三级保养）

吊篮使用期满一年或者累计工作 300 台班，应进行定期大修。定期大修应当由吊篮生产厂家或吊篮专业维修厂家进行。

第三节　高处作业吊篮的安装

一、安装准备工作

1. 吊篮安装时应严格按专项施工方案，在专业人员的指导下实施。

2.安装作业前，应划定安全区域，并应排除作业障碍。

3.确认各结构件、紧固件齐全、完好，符合有关安全技术要求。

二、安装作业基本程序

安装前应对吊篮的各零部件进行清点、检查核对和验收。按安装流程图（图8-9）将吊篮各零部件运送到组装位置。

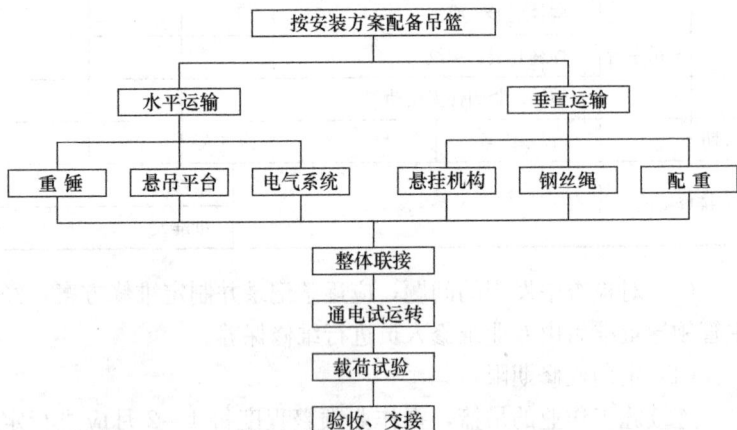

图8-9 吊篮安装流程图

1. 悬挂装置安装（杠杆式悬挂装置）

（1）将插杆插入三角形的前支架套管内，根据女儿墙的高度调整插杆的高度，用螺栓固定，前座安装完成。

（2）将插杆插入后支架套管内，插杆的高度与前支架插杆等高，用螺栓固定，后座安装完成。

（3）将前梁、后梁分别装入前、后支架的插杆内，用中梁将前梁、后梁连接并根据实际情况依照说明书的规定选定前梁的悬伸及前后座的距离，前、后支架的距离应尽可能放至最大，将小连接套分别安装在中梁和后支架插杆上，将上支柱安放于前支架的插杆上，用螺栓固定，上支柱组装完成。

（4）将加强钢丝绳一端穿过前梁钢丝绳悬挂架上大连接套的滚轮后用钢丝绳夹固定，索具螺旋扣的开口端钩住后支架插杆上小连接套的销轴，钢丝绳的另一端穿过索具螺旋扣的封闭端后用钢丝绳夹固定，调节螺旋扣的螺杆，使加强钢丝绳绷紧。

（5）将工作钢丝绳、安全钢丝绳分别固定在前梁的钢丝绳悬挂架上，钢丝绳末端的固定方法应按规定执行。

（6）在安全钢丝绳适当位置处安装上限位块。

（7）检查各部件特别是螺栓、钢丝绳夹安装应正确、牢固。确认无误后，将悬挂装置安放到工作位置，工作钢丝绳离开作业面 60cm 左右。两套悬挂装置内侧之间的距离应等于悬吊平台的长度。

（8）用销子固定脚轮，配重均匀放置在后支架底座上，并上紧防盗螺栓。

（9）将工作钢丝绳、安全钢丝绳从端部开始缓慢放下。在第二根钢丝绳放下前，须由专人在地面将前一根钢丝绳拉开，严禁两根钢丝绳在缠绕状态下进行穿绳工作。

2. 悬吊平台安装

（1）将底板平放垫高 200mm，装上栏杆，用螺栓连接。

（2）将提升机安装架装于栏杆两端，脚轮安装在提升机安装架上，用螺栓连接。

（3）检查各部件安装应正确、无错位，确认无误后，紧固全部螺栓。

（4）将提升机装在悬吊平台的安装架上，用螺栓或锁销固定。

（5）将安全锁装在安装架的安装板上，用螺栓紧固（安全锁滚轮朝平台内侧）。

（6）将上限位行程开关安装在安全锁上，用螺母固定。

（7）将电器箱挂在工作平台后栏杆处，将电动机插头、手握开关插头分别插入电器箱下部相应的插座内。

（8）确认无误后，按"TN-S接零系统"连接电源。

3. 整机调试

(1) 检查各连接部位应牢固可靠，螺母拧紧，钢丝绳完好，钢丝绳夹布置正确，电路接线正确。

(2) 将电器箱的电源插头插入电缆线对应的插座内，接通电源，电源电压应在额定工作电压的±5%范围内。

(3) 按下漏电保护器上的试验按钮，漏电保护器应迅速动作并切断电源。

(4) 关好电器箱门，检查电铃、限位开关、手握开关、转换开关、电动机等应工作正常。

(5) 将电器箱面板上的转换开关拨至待穿钢丝绳的提升机一侧，工作钢丝绳从安全锁的限位轮与挡环中穿过后插入提升机上部穿绳孔内，启动上行按钮，提升机即可自动卷绕完成工作钢丝绳的穿绳（穿绳过程中要密切注意有无异常现象，若有异常，应立即停止穿绳）。工作钢丝绳到位后，将自动打开安全锁。

(6) 将安全钢丝绳从安全锁的上部绳孔插入（另一侧提升机操作过程相同）。

注意：必须先将工作钢丝绳和安全钢丝绳理顺后才能分别插入提升机和安全锁，以免钢丝绳产生扭曲。

(7) 两侧钢丝绳都穿好后，将悬吊平台升高至离地面 1m 处，分别在工作钢丝绳、安全钢丝绳距地面 15cm 处安装重锤。如不正确安装重锤可能会使提升机和安全锁不能正常工作而发生事故。

(8) 整理多余的钢丝绳，圈起后捆扎好，防止弯曲或意外损伤。

安全绳在安装前应检查有无操作，将确定合格的安全绳独立、可靠地固定设置在建筑结构固定点上。安全绳不得与吊篮任何部位相连接。

安装完成后的吊篮需经检查和验收后方可使用。

三、安装安全技术措施及注意事项

(1) 高处作业吊篮组装前应确认结构件、紧固件已经配套且完好，其规格型号和质量应符合设计要求。

（2）高处作业吊篮所用的构配件应是同一厂家的产品。

（3）在建筑物屋面上进行悬挂装置的组装时，作业人员应与屋面边缘保持 2m 以上的距离。组装场地狭小时应采取防坠落措施。

（4）悬挂装置宜采用刚性联结方式进行拉结固定。

（5）悬挂装置前支架严禁支撑在墙上、墙外或建筑物挑檐边缘，以防滑脱。

（6）前梁外伸长度应符合高处作业吊篮使用说明书的规定。

（7）悬挂横梁前高后低，前后水平高差不应大于横梁长度的 2%。

（8）配重件应稳定可靠地安放在配重架上，并应有防止随意移动的措施。严禁使用破损的配重件或其他替代物。配重件的重量应符合设计规定。

（9）安装时钢丝绳应沿建筑物立面缓慢下放至地面，不得抛掷。

（10）当使用两个以上的悬挂装置时，悬挂装置吊点水平间距与吊篮平台的吊点间距应相等，其误差不应大于 50mm。

（11）悬挂装置前支架应与支撑面保持垂直，脚轮不得受力。

（12）安装任何形式的悬挂结构，其施加于建筑物或构筑物支承处的作用力，均应符合建筑结构的承载能力，不得对建筑物和其他设施造成破坏和不良影响。

（13）高处作业吊篮安装和使用时，在 10m 范围内如有高压输电线路，应按照现行行业标准《施工现场临时用电安全技术规范》JGJ 46—2005 的规定，采取隔离措施。

（14）安全绳应保持垂直悬挂状态。安全绳与建筑物及与硬质物体的接触处应有防磨损措施，可用橡胶、麻布等软垫可靠保护。

（15）安全绳不得在高温、酸碱环境处使用，使用前应做外观检查，发现破损停止使用。安全绳应高挂低用，每根安全绳的使用人数不得超过二人。

第四节　高处作业吊篮的拆卸

一、拆卸准备工作

（1）高处作业吊篮拆卸时应按专项施工方案，在专业人员的指导下实施。

（2）拆卸作业前，应划定安全区域，并应排除作业障碍。

（3）悬吊平台停放在平整坚实的地面。对吊篮进行全面检查，并记录吊篮有关状况。

（4）确认结构件、紧固件完好，符合有关安全技术要求。

（5）吊篮拆卸时，在 10m 范围内如有高压输电线路，应按照《施工现场临时用电安全技术规范》JGJ 46—2005 的规定，采取隔离措施。

二、拆卸作业基本程序

1. 钢丝绳和电缆线的拆卸

将悬吊平台落至地面平整处卸下重锤，启动下行按钮将钢丝绳从提升机和安全锁中抽出。切断总电源，在悬挂装置位置将钢丝绳拉上。将钢丝绳和限位块从悬挂装置卸下。将钢丝绳卷成直径 60cm 圆盘并用绳子扎紧。将电源电缆从配电箱卸下。将电源电缆从吊篮电器箱卸下。将电源电缆放至地面，卷成直径 60cm 圆盘并用绳子扎紧。

2. 悬挂装置的拆卸

拆除螺栓，卸下加强钢丝绳索具螺旋扣及前后支座。拆除螺栓，卸下前、中、后梁。取下配重。

3. 悬吊平台的拆卸

卸下电动机、手握开关电缆插头、电源电缆，卸下安全锁、提升机，卸下提升机安装架、栏杆、底板。

4. 将所有零部件整齐码放于通风、干燥、无日晒、无腐蚀气体环境中

三、拆卸安全技术措施及注意事项

（1）高处作业吊篮拆除时应按照专项施工方案，并在专业人员的指挥下实施。

（2）在建筑物屋面上进行悬挂装置的拆卸时，作业人员应与屋面边缘保持 2m 以上的距离、应对作业人员和设备采取相应的安全措施。

（3）拆卸分解后的零部件不得放置在建筑物边缘，并采取防止坠落的措施。零散物品应放置在容器中。不得将吊篮任何部件从屋顶处抛下。

第五节　高处作业吊篮安装后的自检

一、悬挂装置安装后的主要自检项目

各连接处应牢固、无破裂脱焊现象；

配重放置正常，无短缺；

悬挂装置两吊点间距应与悬吊平台两吊点间距相等，误差不大于 5cm；

钢丝绳下端悬吊的重锤安装正常。

二、悬吊平台安装后的主要自检项目

结构件无异常磨损、腐蚀、裂纹、脱焊；

各处连接正确、无异常；

提升机、提升机与悬吊平台的连接处应无异常磨损、腐蚀、表面裂缝、连接松脱、脱焊；

电气箱、电缆、控制按钮、插头应完好，上限位开关、手握开关等应灵活可靠，无漏电现象。

三、提升机与安全锁安装后的主要自检项目

（1）检查安全锁

安全锁与悬吊平台连接应牢固、可靠。

1）摆臂防倾斜式安全锁

将悬吊平台上升 1～2m，转换开关拨至一侧，按下行按钮使

悬吊平台倾斜，当悬吊平台倾斜至不大于 14°时，安全锁即可锁住安全钢丝绳。将悬吊平台底端升起至水平状态时，安全锁复位，安全钢丝绳在安全锁内处于自由状态。

2）离心限速式安全锁

在安全锁上方快速拉动安全钢丝绳，安全锁应立即锁住安全钢丝绳，并且不能自动复位。

（2）检查提升机

1）提升机与悬吊平台连接牢固、可靠；

2）通电检查吊篮的运行状况，提升机应无异常声音和振动现象；

3）电磁制动器的制动灵活、可靠、无异常。

四、钢丝绳安装后的主要自检项目

（1）必须使用产品使用说明书规定型号的钢丝绳，严禁用其他钢丝绳代替；

（2）钢丝绳固定正常，钢丝绳绳头端固定和穿绳方法正确；

（3）重锤配置正确；

（4）钢丝绳无过度磨损、断裂等异常现象，达到报废标准的钢丝绳必须更换；

（5）钢丝绳严禁连接使用。

五、安全绳安装后的主要自检项目

（1）安全绳上端应固定在单独悬挂于建筑物顶部牢固部件上，不得与吊篮上任何部位有连接；

（2）安全绳直径应与安全锁扣的规格相一致；

（3）安全绳不得有松散、断股、打结现象；

（4）安全锁扣的部件应完好、齐全，规格和方向标识应清晰可辨。

（5）安全带的自锁钩应牢固、可靠连接在保险绳上；

（6）保险绳使用时应基本保持垂直；

（7）作业人员身后余绳不得超过 1.5m。

六、电气系统安装后的主要自检项目

（1）吊篮的电气系统可靠接地，接地电阻不应大于 4Ω；

（2）各控制按钮开关动作准确、可靠，标识清晰、正确；

（3）带电零件与机体间的绝缘电阻不应低于 $2M\Omega$；

（4）电气系统所设置的过热、短路、漏电保护等装置工作可靠、动作正确；

（5）在紧急状态下可切断主电源控制回路的急停按钮工作可靠、动作正确。急停按钮为红色，并有明显的"急停"标记，且不能自动复位；

（6）各限位开关工作可靠、动作正确；

（7）应采取防止随行电缆碰撞建筑物、过度拉紧或其他可能导致损坏的措施。

七、整机安装后的主要自检项目

（1）空载试验

1）悬吊平台空载上下运行 3～5 次，每次行程 3～5m；

2）悬吊平台应升降平稳；

3）提升机无异常声响，电机电磁制动器动作灵活可靠；

4）悬挂装置和悬吊平台各连接处无松动现象；

5）按下"急停"按钮，悬吊平台应能停止运行；

6）扳动限位开关的摆臂，悬吊平台应能停止运行。

（2）手动滑降检查

悬吊平台上升 3～5m 后停住，取出提升机手柄内的拨杆，并将其旋（插）入电机风罩内的拨叉孔内，在悬吊平台二端同时向上抬，悬吊平台应能平稳滑降。滑降速度应不大于下降速度的 1.5 倍。

（3）额定载荷试验

悬吊平台内均匀装载额定载重量，悬吊平台上下运行 3～5 次，每次行程 3～5m。在运行过程中无异常声响、停止时无滑降现象；

平台倾斜时安全锁应能灵活可靠地锁住安全钢丝绳；

悬挂装置和悬吊平台各紧固连接处应牢固，无变形、松动现象；

运行时若悬吊平台两侧高差超过 15cm 时应及时将悬吊平台调平。可将转换开关拨至一侧，调至水平。

八、高处作业吊篮验收

吊篮在使用前必须经过施工、安装、监理等单位的验收，未经验收或验收不合格的吊篮不得使用。

吊篮应按附表规定逐台、逐项验收，并经运行试验合格后，方可使用。

1. 一般规定

（1）受检单位应具有下列资料

1）产品出厂合格证；

2）安全锁标定证书；

3）使用说明书；

4）安装合同和安全协议；

5）专项施工方案及作业平面布置图；

6）安装自检验收表。

（2）应填写检验报告

当受检单位提供的资料不齐全时，不得进行检验。

2. 检验内容及要求

（1）结构件应符合下列规定

1）悬挂机构、悬吊平台的钢结构及焊缝应无明显变形、裂纹和严重锈蚀；

2）结构件各连接螺栓应齐全、紧固，并应有防松措施；所有连接销轴使用应正确，均应有可靠轴向止动装置。

（2）悬吊平台应符合下列规定

1）悬吊平台拼接总长度应符合使用说明书的要求；

2）底板应牢固，无破损，并应有防滑措施；

3）护栏靠工作面一侧高度不应小于 800mm，其余部位高度不应小于 1100mm；

4）四周底部挡板应完整、无间断，高度不应小于 150mm，与底板间隙不应大于 5mm；

5）与建筑物墙面间应设有导轮或缓冲装置；

6）悬吊平台运行通道应无障碍物。

（3）钢丝绳应符合下列规定

1）吊篮钢丝绳的型号和规格应符合使用说明书的要求；

2）工作钢丝绳直径不应小于 6mm；

3）安全钢丝绳应选用与工作钢丝绳相同的型号、规格，在正常运行时，安全钢丝绳应处于悬垂张紧状态；

4）安全钢丝绳、工作钢丝绳应分别独立悬挂，并不得松散、打结，且应符合现行国家标准《起重机　钢丝绳　保养、维护、检验和报废》GB/T 5972—2016 的规定；

5）安全钢丝绳的下端必须安装重锤，重锤底部至地面高度宜为 100～200mm，且应处于自由状态；

6）钢丝绳的绳端固结应符合产品说明书的规定。

（4）产品标牌及警示标志应符合下列规定：

1）产品标牌应固定可靠，易于观察；

2）应有重量限载的警示标志。

（5）悬挂机构应符合下列规定

1）悬挂机构前梁长度和中梁长度配比、额定载重量、配重重量及使用高度应符合产品说明书的规定；

2）悬挂机构施加于建筑物或构筑物的作用力，应符合建筑结构的承载要求；

3）悬挂机构横梁应水平，其水平度误差不应大于横梁长度的 4%，严禁前低后高；

4）前支架不应支撑在女儿墙外或建筑物挑檐边缘等部位；

5）悬挂机构吊点水平间距与悬吊平台的吊点间距应相等，其误差不应大于 50mm；

6）悬挂机构的前梁不应支撑在非承重建筑结构上。不使用前支架的，前梁上的搁置支撑中心点应和前支架的支撑点相重合，工作时不得自由滑移，并应有专项施工方案。

（6）配重应符合下列规定

1）配重件重量及几何尺寸应符合产品说明书要求，并应有重量标记，其总重量应满足产品说明书的要求，不得使用破损的配重件或其他替代物；

2）配重件应固定在配重架上，并应有防止可随意移除的措施。

（7）安全装置应符合下列规定

1）上行程限位应动作正常、灵敏有效；

2）制动器应灵敏有效，手动释放装置应有效；

3）应独立设置作业人员专用的挂设安全带的安全绳，安全绳应可靠固定在建筑物结构上，不应有松散、断股、打结现象，在各尖角过渡处应有保护措施。

（8）安全锁应完好有效，严禁使用超过有效标定期限的安全锁。

（9）电气系统应符合下列规定

1）主要电气元件应工作正常，固定可靠。电控箱应有防水、防尘措施。主供电电缆在各尖角过渡处应有保护措施；

2）悬吊平台上必须设置紧急状态下切断主电源控制回路的急停按钮。急停按钮不得自动复位；

3）带电零部件与机体间的绝缘电阻不宜小于 $2M\Omega$；

4）专用开关箱应设置隔离、过载、短路、漏电等电气保护装置，并应符合现行行业标准《施工现场临时用电安全技术规范》JGJ 46—2012 的规定。

第六节　高处作业吊篮安装拆卸作业的安全管理

一、安装拆卸作业安全管理规定

1. 相关制度

（1）吊篮安装拆卸企业必须建立、健全安全生产责任制。

（2）企业应制定以下规章制度并严格执行

1）安全生产责任制；

2）施工前应编制专项施工方案，对满足超过一定规模的危险性较大的分部分项工程条件的，应组织专家对方案进行论证；

3）吊篮安全操作规程；

4）吊篮安装拆卸及调试技术规程；

5）吊篮安全检查制度；

6）安装拆卸作业应急救援预案；

7）吊篮维护、保养及检修制度；

8）劳动用品发放与穿戴制度；

9）安装拆卸作业人员、设备维修人员安全培训考核制度等。同时做好上述制度执行情况的记录存档工作。

2. 设备管理

（1）吊篮设备及各附件、安全装置、安全绳和安全带等应符合国家有关标准。

（2）必须建立每台吊篮的使用、检查、维修和保养档案。

（3）吊篮安装拆卸作业企业必须对吊篮按期进行安全检查，及时发现、排除事故隐患；安全检查分日常检查和定期检查。日常检查由班组在上班前进行。定期检查由企业安全管理部门负责组织进行。定期检查记录由企业安全管理部门负责人签字并存档备案。

（4）应根据制造厂规定的设备维护周期，参考设备使用频度、工况条件，确定合理的保养周期。指定专人，按设备安全技术要求，检查电气系统各元器件可靠性，检查各机械部件，修理或更换磨损、变形、开裂、破损、锈蚀的零部件。

二、安装拆卸作业安全操作规程

（1）吊篮应设置作业人员专用的挂设安全带的安全绳及安全锁扣。安全绳应固定在建筑物可靠位置上，不得与吊篮上任何部位有连接；

（2）安装拆卸作业时，应排除影响正常运行的障碍。在吊篮下方可能造成坠落物伤害的范围，设置安全隔离区和警告标志，人员、车辆不得停留、通行；

（3）不得将吊篮作为垂直运输设备，不得采用吊篮运输物料；

（4）吊篮正常工作时，人员应从地面进入吊篮，不得从建筑物顶部、窗口等处或其他孔洞处出入吊篮；

（5）吊篮安装拆卸作业人员应佩戴安全帽，系安全带，并应将安全锁扣正确挂置在独立设置的安全绳上；

（6）悬吊平台内应保持荷载均衡，严禁超载运行；

（7）悬吊平台升降运行时，工作平台两端高差不宜超过150mm；

（8）使用离心触发式安全锁的吊篮在空中停留作业时，应将安全锁锁定在安全绳上；空中启动吊篮时，应先将吊篮提升使安全绳松弛后再开启安全锁。不得在安全绳受力时强行扳动安全锁开启手柄；不得将安全锁开启手柄固定于开启位置；

（9）悬挂装置平行移动时，应将吊篮平台降落至地面，并应使其钢丝绳处于松弛状态；

（10）在吊篮内进行电焊作业时，应对吊篮设备、钢丝绳、电缆采取保护措施。不得将电焊机放置在吊篮内。电焊缆线不得与吊篮任何部位接触。电焊钳不得搭挂在吊篮上；

（11）在高温、高湿等不良气候和环境条件安装拆卸作业时，应采取相应的安全防护措施；

（12）当遇有雨雪、大雾、风沙及5级以上大风等恶劣天气时，应停止安装拆卸作业，并应将吊篮平台停放至地面，应对钢丝绳、电缆进行绑扎固定；

（13）当作业时发现设备故障或安全隐患时，应及时排除；

（14）酒后、过度疲劳、服用不适应高处作业药物和情绪异常者不得参与作业；

（15）安装拆卸作业人员应能正确熟练地佩戴安全帽、使用安全带和保险绳；

（16）坠落防护安全绳应符合《坠落防护　安全绳》GB 24543—2009 的有关规定。使用前必须进行检查，发现破损应停止使用。安全带、安全绳与硬质物体的接触处应用橡胶、麻布等软垫可靠保护；保持安全带和安全绳清洁，妥善存放，如有污垢可用温水及肥皂清洗，在阴凉处晾干，不可用热水浸泡，不可日晒火烤；

（17）作业人员应穿防滑绝缘鞋，不得穿拖鞋和塑料硬底鞋等易滑鞋具作业，不得在悬吊平台内使用梯子、凳子、垫脚物等进行作业；

（18）作业人员必须在地面进出悬吊平台，不得在空中攀缘窗口出入或从一个悬吊平台跨入另一个悬吊平台；

（19）作业人员发现事故隐患或不安全因素，有权要求领导采取相应整改措施。对管理人员违章指挥、强令冒险作业的有权拒绝执行；

（20）作业环境温度－10～＋55℃；

（21）工作电压 380V±5%；

（22）安装拆卸作业不宜在粉尘、腐蚀性物质或雷雨、五级以上大风等环境中进行；

（23）夜间作业时现场应有充足的照明设备，光照度应大于 150lx；

（24）悬吊平台下方必须设置警示区或安全护栏，有醒目的标志和安全监督员；

（25）有架空输电线场所，吊篮任何部位与输电线的安全距离不应小于 10m，如果受条件限制，应与有关部门协商采取安全防护措施后方可安装、使用；

（26）禁止在悬吊平台内用梯子或其他装置取得较高工作高度；

（27）不得将吊篮专门用作垂直运输和载人设备使用；

（28）悬吊平台内无杂物，使用的工具、材料等应有可靠的防坠措施；

（29）悬吊平台运行时，作业人员应注意悬吊平台上下有无障碍物，并及时处理，以免碰撞而发生事故；

（30）如作业需进行电、气焊作业时，应采取适当的防护措施防止火灾发生；

（31）严禁用吊篮构件作电焊接线回路；

（32）悬吊平台内不得放置氧气瓶、乙炔瓶等易燃易爆物品；

（33）悬吊平台如发生倾斜应及时调平，否则将影响提升机、安全锁和钢丝绳的正常使用。

三、安装拆卸作业应急救援预案

（1）应急救援预案是针对在安装拆卸作业过程中可能发生的事故，为迅速、有序地开展应急行动而预先制定的行动方案。

（2）应急救援预案主要内容包括应急组成员、危险源来源、事故发生后的应急措施和应急演练。

（3）应急救援预案的作用

1）应急救援预案确定了应急救援的范围，通过培训和演练，使应急人员具备完成指定任务所需的相应能力；

2）应急救援预案有利于做出及时的应急响应，控制和防止事故进一步恶化，可指导应急救援迅速、高效、有序的开展，将事故造成的人员伤亡、财产损失和环境破坏降到最低限度；

3）应急救援预案建立了与上级单位和部门应急救援体系的衔接，可确保当发生超过本级应急救援能力的重大事故时与有关应急机构的联系和协调；

4）应急救援预案有利于提高风险防范意识，在应急预案的编制、评审、发布、宣传、演练、教育和培训过程中，有利于各方了解面临的重大事故危险源及其相应的应急措施，有利于促进各方提高风险防范意识和能力。

故事评点 | **Story Comment**

　　魏征是中国历史上最负盛名的谏臣,他兢兢业业地辅佐皇帝,助之创建"贞观之治"的大业,被后人称为"一代名相"。魏征的大公无私、勇敢无畏的精神值得每个人学习。

Wei Zheng was the most prestigious statesman in Chinese history, He gave his advice frankly and directly to the emperor and devoted himself to help the emperor govern the country and create the golden age of the "Reign of Zhenguan". He was honored as "The Great Prime Minister". His selflessness, boldness and braveness are worthy of learning.

忧国忧民的范仲淹

Fan Zhongyan Caring for His Country and People

fàn zhòng yān shì běi sòng shí qī zhù míng de zhèng zhì jiā jūn shì jiā
范仲淹是北宋时期著名的政治家、军事家

hé wén xué jiā tā yì shēng yōu guó yōu mín bù tān tú gè rén róng huá fù
和文学家。他一生忧国忧民，不贪图个人荣华富

guì suī rán lǚ cì zāo shòu jiān nìng xiǎo rén de zhòng shāng wū xiàn zài guān
贵。虽然屡次遭受奸佞小人的中伤诬陷，在官

huàn shēng yá zhōng jǐ jīng chén fú dàn shì tā réng rán shǐ zhì bù yí bú
宦生涯中几经沉浮，但是，他仍然矢志不移，不

wàng chū xīn jīng zhōng bào guó sǐ ér hòu yǐ
忘初心，精忠报国，死而后已。

据说，范仲淹两岁的时候父亲就病故了，只留下他和母亲两个人。孤儿寡母，生活异常艰难。虽然条件艰苦，可是，范仲淹从小就有远大的志向。长大后他来到了应天府求学。他非常用功，没日没夜地读书。在天寒地冻的冬季，每当读书疲累极了，他就把冷水浇到脸上让自己保持头脑清醒；没有米饭吃，他就以糜粥充饥。但是，范仲淹觉得这并不苦，因为有书可以读，他感到很快乐。

经过一番勤学苦读，他在二十七岁时就考中了进士，开始了他的仕途生涯。为官期间，他始终以天下为己任，常以"先天下之忧而忧，后天下之乐而乐"勉励自己。范仲淹不但这样说了，而且这样做了。他最开始是在安徽、江苏一带担任地方官。他关心人民疾苦，积极为百姓谋福利，深受百姓爱戴。在四十岁的时候，范仲淹被推荐到朝廷做官。他因为正直敢言，得罪了很多人，因此多次遭到贬谪。

范仲淹的朋友梅尧臣，寄了一篇《灵乌赋》给他，并告诉他说："你在朝廷中多次直言，都被当作乌鸦不祥的叫声，希望往后你能够拴紧舌头，锁住嘴唇，除了吃喝之外，只管翱翔高飞。"范仲淹立即写了一篇同题的《灵乌赋》，答复他说："不管人们怎样厌恶乌鸦的哑哑之声，我却宁愿因为叫声死去，不会默默地活着！"

庆历三年，范仲淹从地方被召回到朝廷，出任参知政事。他倡导的改革是历史上有名的"清理新政"。他向皇帝提了十条建议，建议改革官员制度，以此改变官员过多、做事不积极的现象，并研究减轻农民赋税的政策，提

chū zhòng shì nóng yè　　duàn zào wǔ qì　　 jiā qiáng fáng bèi děng jiàn yì
出重视农业，锻造武器，加强防备等建议。

zhè xiē jiàn yì dà dōu bèi sòng rén zōng cǎi nà　 lù xù shī xíng　 zhè cì
这些建议大都被宋仁宗采纳，陆续施行。这次

gǎi gé sǔn hài le guān liáo guì zú de lì yì　 suǒ yǐ zāo dào le tā men
改革损害了官僚贵族的利益，所以遭到了他们

de qiáng liè fǎn duì　 fàn zhòng yān bèi jiān chén wū xiàn wéi　 péng dǎng
的强烈反对。范仲淹被奸臣诬陷为"朋党"，

yòu yí cì bèi bà miǎn　 tā zài yí cì lí kāi cháo tíng qù gè dì dān rèn
又一次被罢免，他再一次离开朝廷去各地担任

dì fāng guān　 zhè shí tā yǐ jīng　 suì le　 fàn zhòng yān　 suì
地方官。这时他已经56岁了。范仲淹64岁

shí　 fèng zhào diào wǎng yǐng zhōu　 bú xìng de shì hái wèi dào yǐng zhōu tā jiù
时，奉诏调往颍州，不幸的是还未到颍州他就

yīn bìng qù shì le
因病去世了。

　　fàn zhòng yān yì shēng shì tú kǎn kě tā zài cháo tíng dāng guò jīng
　　范仲淹一生仕途坎坷，他在朝廷当过京

guān　 yě dāng guò dì fāng guān　 dāng guò fù xiàng　 yě zài xī běi qián xiàn
官，也当过地方官；当过副相，也在西北前线

zhèn shǒu guò biān guān　 tā bì shēng shí jiàn zhe zì jǐ　 xiān tiān xià zhī yōu
镇守过边关。他毕生实践着自己"先天下之忧

ér yōu de bào fù　 què méi děng dào　 hòu tiān xià zhī lè ér lè　 de nà
而忧"的抱负，却没等到"后天下之乐而乐"的那

tiān　 yí dài zhōng chén liáng jiàng jiù zhè yàng jī zhì yǐ mò le
天，一代忠臣良将就这样赍志以殁了。

Fan Zhongyan, a famous statesman, strategist and writer in the Northern Song Dynasty, being indifferent to fame and wealth, cared for his country and people all his life. Though he was constantly slandered by crafty sycophants in the court, he still insisted on his dream and devoted himself to serving his country despite all the vicissitudes in his life.

It was said when he was two years old, his father passed away. He and his mother could only rely on each other to continue a tough life. But little Fan Zhongyan still had great ambitions and expectations. When he grew up, he went to Yingtian Prefecture for study. In cold winter, whenever he felt tired, he would pour cold water on face to keep sober. Whenever rice was eaten up, he would have gruel. The experience was not a suffering but a pleasure since he could enrich himself by study.

After a long time of intensive and hard study, Fan Zhongyan did well in the Imperial Examination and became a Palace Graduate at the age of twenty-seven. Since then he began his official career with a strong sense of responsibility and firm belief in the faith "Be the first to bear the world's hardships, and the last to enjoy its comfort" which was claimed and also practiced by him. At first, he was a local official in Anhui and Jiangsu Provinces where local people all loved and respected him because he devoted himself to their welfare. At the age of forty, he was recommended to the emperor. But because of his integrity and frankness, he offended many officials, which led to his repeated demotions.

His friend Mei Yaochen wrote an article on *Ling Wu Fu* to him: "You told truth frankly many times while others regarded you as an ominous crow. I hope you can keep your mouth closed and start caring for your own career and life." Fan Zhongyan wrote another article with the same title to reply: "No matter how annoying the crow is, I would rather die as a crow spreading the truth than keep silence in order to live."

In the third year of Qingli era, Fan Zhongyan was recalled to the court as an assistant administrator. He advocated the "Qingli Reform" in which ten suggestions were submitted to the emperor: change the official system, reduce redundant officials; study on policies to reduce farmers' tax; attach importance to agriculture; strengthen the defense force by forging arms, etc. Most of these suggestions were accepted by Emperor Renzong of Song and implemented in the whole country. But the reform threatened many officials' interests, they all bitterly opposed it and slandered Fan Zhongyan as a member of certain faction. Fan Zhongyan was demoted again as a local official away from the court when he was fifty-six years old. At the age of sixty-four, he was appointed to Yingzhou but died of illness on the way there.

Fan Zhongyan's life was full of vicissitudes. He had been an official in the court and also a local official; he had been a vice prime minister, and also an official protecting the northwest frontier. All his life, he practiced what he claimed "Be the first to bear the world's hardship", but he died with unrealized dreams before he could be "the last to enjoy its comfort".

生难字/词注解 | Notes

应天府：北宋的陪都南京应天府，今河南商丘。
Yingtian Prefecture：Nanjing, the co-capital of the Northern Song Dynasty, now in Shangqiu, Henan Province.

糜粥：粥。把米搁在锅里和菜汤肉汁一起熬烂，叫作糜，也叫作粥。
Gruel：Boiling rice soup mixed with meat and vegetables.

参知政事：中国古代官职名。
Assistant administrator：One kind of official position in ancient China.

颍州：今属安徽。
Yingzhou：A city now in Anhui Province.

赍志以殁：同"赍志而殁"，指怀抱着未遂的志愿而死去。
Die with unrealized dreams：Die without accomplishing what one had planned.

故事评点 | Story Comment

范仲淹一生忧国忧民，心系天下。他淡泊名利，气度豁达，虽然屡次遭遇贬谪，但仍然尽职尽责，无怨无悔。朱熹称他为"有史以来天地间第一流人物！"范仲淹倡导的先忧后乐思想和仁人志士的节操，至今为人们所敬重和推崇。

All his life, Fan Zhongyan cared for his country and people, being indifferent to fame and wealth. Though facing many failures or demotions, he still devoted himself to the development of the country without complaint. Zhu Xi appreciated him as the first-class man in history. His claim of "Be the first to bear the world's hardship, and the last to enjoy its comfort" and his noble character along with high ideals are still respected and admired by people.

岳飞精（尽）忠报国

Yue Fei Serving His Motherland with the Utmost Loyalty

岳飞是南宋时期的著名将领，我国历史上伟大的军事家、抗金名将。据说，岳飞出生的时候，有一只天鹅似的大鸟在他家的屋顶盘旋飞翔。因此，父亲就给他取名为岳飞。那一年，黄河一带决堤，洪水泛滥成灾，他的家乡顷刻之间就被淹没了，那时岳飞还没有满月。情急之下，母亲姚氏抱着还在襁褓中的岳飞坐在瓮中，随着波涛一直被冲到岸上才得以幸免于难。当人们看到这对母子的时候，都感到十分惊异。

岳飞小时候就很有气节抱负，那时家里非常穷，母亲就用树枝在沙地上教他写字。岳飞读书很用心，他喜欢阅览各类书籍，尤其喜好各种兵书。岳飞曾经跟随当时非常有名的射箭能手周同学习射箭。他天赋异禀，很快就能够左右开弓。周同死后，每逢初一、十五，岳飞都要买祭品到周同的坟上进行祭奠。父亲认为他很讲义气，说："如果将来有一天国家有难，你能够成为为国捐躯的忠义之人吧！"于是，岳飞在20岁的时候，拜著名投枪手陈广学艺。没有过多久，岳飞的投枪技术就已经十分精熟。

岳飞所处的时代，南宋国力衰微，北方的金

兵常常侵略中原。母亲鼓励儿子报效国家，并在他背上刺了"尽忠报国"（后世演绎为"精忠报国"）四个大字。孝顺的岳飞始终牢记母亲的教诲，并将这几个字作为他终生遵奉的信条。岳飞勇猛善战，治军严明，他带领的"岳家军"全都严格遵守纪律，宁可自己忍受饥饿，也不敢打扰百姓。如果晚上借住在民家或商店，他们天一亮就起来，为主人打扫卫生，清洗餐具后才离去。"岳家军"让金军闻风丧胆，金兵统帅长叹道："撼山易，撼岳家军难！"岳飞一生中战功卓著，名声也传遍了大江南北。据传，在其戎马生涯中，他亲自参与指挥的126场战役，一次都没有失败过，是名副其实的"常胜将军"。

然而，外敌难以撼动的岳家军，却遭到了南宋朝廷内部投降派的摧残。战功卓著的岳飞屡屡遭受朝廷奸臣的中伤诬陷。在一次岳家军与敌军的战役中，眼看就要大功告成，收复失地，皇帝和奸臣秦桧出于一己私利，向岳飞连发十二道金牌，命令岳飞退兵。岳飞不得不忍痛全线撤退。岳飞英勇的抗金斗争，至此被迫中断。

绍兴十一年，秦桧、张俊等奸臣诬告岳飞"谋反"，岳飞因而被强行羁押，关进了临安府大理寺。在那里，岳飞遭受了严刑拷打。同年的农历除夕夜前夕，朝廷以"莫须有"的罪名将岳飞杀死。岳飞的部将张宪、儿子岳云亦被残忍杀害。

岳飞死时只有三十九岁。他一生谨记母亲的教诲，即使在临死的那一刻，也没有忘记母亲"精（尽）忠报国"四个字的训诫。

Yue Fei, a military general in the Southern Song Dynasty, was a great strategist and national hero in resisting the invasion of Jin army. It was said his father named him Fei because a big bird resembling swan hovered over his house when he was born. Before Yue Fei was one month old, the Yellow River flooded, drowning his hometown instantly. His mother Yao had no other choice but to carry him in arms, sitting in a clay jar and floating with the flood until they were landed by the wave. People all felt astonished to see the mother and the son safe and sound.

Since he was young, he showed great ambitions. His mother taught him writing by using branches and sand because of their poverty. Yue Fei liked reading different kinds of books, especially military books. He learnt archery from Zhou Tong, a famous archery master at that time. Clever and bright, he soon mastered archery and could open the bow with his left or right hand. After Zhou Tong died, Yue Fei went to condole and sacrifice him on the first and the fifteenth of each lunar month. His father believed him to be a faithful person: "If one day our country was in danger, you would be the doughty and loyal person willing to sacrifice for the country." When Yue Fei was 20 years old, he learnt javelin skills from Chen Guang, a master in javelin technique. No sooner had Yue Fei mastered the skill than he became a master in javelin-throwing.

Yue Fei lived in a time when the national strength weakened, with constant invasion of the northern neighbor Jin. His mother encouraged him to serve for the country and made a tattoo "Serve the country with the utmost loyalty" on his back. The filial Yue Fei kept his mother's words in heart and practiced the words all his life. Brave and resourceful in battles, Yue Fei led his Yue Army to fight with the Jin army. All the soldiers in his army obeyed the military rules strictly: suffer starvation rather than bother people. If they had to rest in people's houses or stores at night, they would do the cleaning for the host before they left at twilight. It was his army that horrified the Jin. The generals of Jin sighed: "It was easy to shake the mountain, but not easy to fight with the Yue Army." Yue Fei made brilliant achievements in wars in his life and his name became a household one. It was said that the 126 battles led by Yue Fei all won, which rendered him a reputation as ever-victorious general.

However, the ever-victorious Yue Army was persecuted by the surrendering party in the court. Yue Fei, a general with distinct achievements in wars, was slandered repeatedly by base officials. Once when the Yue Army was about to take the victory and retake the lost territories, Yue Fei received 12 imperial orders of withdrawing the troop. Just because of the emperor and the traitorous minister: Qin Hui, he then had to withdraw his army, which stopped his fights against Jin.

In the eleventh year of Shaoxing era (1141), Qin Hui, Zhang Jun and some other infamous officials slandered Yue Fei to the emperor and said that he was plotting rebellion, for which Yue Fei was put into prison in Dali Si in Lin'an Prefecture where he was subjected to cruel torture. In the same year, before the lunar New Year's Eve, the court gave order to kill Yue Fei for an unwarranted charge. Zhang Xian, the military officer under his command as well as his son Yue Yun was ruthlessly killed by the court.

Yue Fei died at the age of thirty-nine. He put his mother's words "Serve the country with the utmost loyalty" in heart all his life even at the moment before he died.

生难字/词注解 ｜ Notes

瓮：一种盛水或酒等的陶器。
Jar：A kind of earthenware used for holding water or wine.

褓襁：本意是包婴儿的被、毯等；也指背负小儿用的布兜和系带。 此处指的是小婴儿岳飞。
Swaddling clothes：Clothes, blankets or rugs used for covering babies. Here it refers to the baby Yue Fei.

撼：摇。
Shake：Quake.

临安大理寺：南宋的最高审判机构。 原址在今杭州小车桥附近。
Dali Si in Lin'an Prefecture：The royal justice department of the Southern Song Dynasty near today's Xiaocheqiao in Hangzhou.

故事评点 ｜ Story Comment

岳飞一生都践行着母亲对他"精(尽)忠报国"的教诲。他正气凛然，忠心报国，深受人们的敬佩。孙中山说："岳飞魂，是中华民族的精神代表，也就是民族魂。"这个故事告诉我们：天下兴亡，匹夫有责。我们每个人都要热爱自己的国家，坚持自己的气节，不为名利、强权或恐吓而改变。

Yue Fei practiced what his mother told him "Serve the country with the utmost loyalty" all his life. He was honored and respected by people for his righteousness, integrity and patriotism. Sun Yat-sen once said: "The spirit of Yue Fei is the national soul, representing the soul of China." This story tells us: Everybody has a duty to his country. Everybody needs to be patriotic to his country, and insist on his integrity regardless of the inducement of fame and interest or the suppression of power and intimidation.

浩然正气的文天祥

Wen Tianxiang Being Upright and Righteous

wén tiān xiáng shì wǒ guó nán sòng shí qī zhù míng de jūn shì jiā wén
文天祥是我国南宋时期著名的军事家、文

xué jiā jí zhōu lú líng rén tā nián shào shí jiù fēi cháng cōng huì hòu lái
学家，吉州庐陵人。他年少时就非常聪慧，后来

gèng shì bǎo dú shī shū guān zhù shí shì zhèng zhì wén tiān xiáng chéng nián
更是饱读诗书，关注时事政治。文天祥成年

hòu qù cān jiā kē jǔ kǎo shì zhòng le zhuàng yuan zhī hòu bèi cháo tíng pài
后去参加科举考试，中了状元，之后被朝廷派

wǎng jiāng xī dān rèn dì fāng guān yuán wén tiān xiáng shēng huó de shí dài
往江西担任地方官员。文天祥生活的时代，

cháo zhèng fǔ bài guó lì shuāi ruò dà piàn guó tǔ bèi yuán bīng qīn zhàn
朝政腐败，国力衰弱，大片国土被元兵侵占。

文天祥每次和同僚谈到这些国事的时候，都慷慨激昂，愤愤不平。他非常渴望能够亲自征战沙场，为国家效力。

一次，文天祥突然接到朝廷圣旨，元兵再次进犯，朝廷命令文天祥火速组建勤王军。文天祥奉读诏书，痛哭流涕，他把家里的全部财产都捐出来用作军费，并立即发布征兵启示。很快他就召集了三万义勇之士，日夜不歇奔赴前线以阻击元兵。文天祥带领将士奋勇杀敌，没过多长时间就扭转了战局。然而，就在文天祥在战场浴血奋战的时候，朝廷中却有奸臣在皇帝面前造谣中伤文天祥。文天祥听说后，并不在意，他把个人的荣辱得失置之度外，更加积极地组织军队抵抗元军。

景炎三年，文天祥在王坡岭与元兵交战，敌

众我寡，力量悬殊，他不幸战败被俘，被押送到大都。押送的人是原南宋将领张弘范，他当时已经投靠了元朝。张弘范极力规劝文天祥投降，文天祥大义凛然，愤怒地骂道："你这无耻之徒，我绝对不会像你那样，做背信弃义的叛徒。"张弘范听了，非常生气，大骂文天祥不识抬举。

到了大都，文天祥被关进阴暗潮湿的监牢里，受尽了酷刑的折磨。但是，文天祥一身傲骨，英勇不屈，在狱中写下了《正气歌》《过零丁洋》等著名的爱国诗篇。文天祥对那些囚禁殴打他的卫兵们说："我因再也不能为国家效力而感到愤恨。就算是死，我也不会背叛我的国家。只有那些软骨头，才甘心做敌人的奴才！"由于文天祥始终不肯归附元朝，敌军没有办法，只得将他处死。

据说，在文天祥被押往刑场的时候，上万老百姓聚集在街道两旁。从监狱到刑场这段路，戴着手铐脚镣的文天祥没有丝毫胆怯，他走得淡定从容。行刑前，监斩官问文天祥："你还有什么话要说？"文天祥回答道："死就死，还有什么话可说！"文天祥转而问："哪儿是南方？"因为南方是他的故国家园。当他知道南方的方向后，随即拜了几拜。之后，文天祥不再说话，从容就义，终年四十七岁。

Wen Tianxiang, a famous military strategist and literary master in the Southern Song Dynasty whose hometown was Luling, Jizhou, was bright and clever from infancy. He read all kinds of books and cared for politics and current events. When he entered adulthood, he attended the Imperial Examination and won the top place. Then he was sent to Jiangxi Province as a local official by the court. At that time, rampant corruption, weak national power and invasion of the Yuan Army made him impassioned, aggrieved and eager to go to the battlefield to serve his motherland.

One day, Wen Tianxiang received an imperial edict unexpectedly to organize Qinwang Army because the Yuan Army attacked once again. He wept while reading the edict and contributed all his property as military expenses. He, instantly, sent out the conscription. Soon afterwards, thirty thousand loyal and brave men were recruited to the front line. Under the leadership of Wen Tianxiang , all soldiers spared no effort to fight against Yuan Army bravely not long before the war situation was reversed. But when they were fighting for the motherland relentlessly, some traitorous ministers slandered Wen Tianxiang, which did not vex him because he laid his own gains and losses aside. He was more active in fighting with the enemy.

In the third year of Jingyan era (1278), Wen Tianxiang was captured in the battle of Wangpoling because his army was heavily outnumbered by the enemy and was sent to Dadu (Yuan's capital) by Zhang Hongfan who was once a general of the Southern Song but had already surrendered to Yuan. Zhang Hongfan admonished Wen Tianxiang to serve for Yuan. The upright Wen Tianxiang scolded him in a rage: "You, shameless scoundrel. I would never be a traitor like you." The furious Zhang Hongfan cursed Wen Tianxiang, because the latter did not appreciate his favors.

In Dadu, Wen Tianxiang was put in a dark and damp jail, suffering from the enemy's tortures. But with strong willpower, he never gave up and wrote many famous patriotic poems such as *Zhengqi Ge* (*Song of Righteousness*), *Guo Lingdingyang* (*Passing Lonely across the Lingding Ocean*). He said to the enemy who beat him in the jail："I feel resentful because I cannot serve my country any more. Even death cannot compel me to betray my country. Only those weaklings would be the slaves of enemy." Seeing no chance for him to surrender, the enemy finally put him to death.

It was said when Wen Tianxiang was sent to the execution ground, tens of thousands of common people gathered on both sides of the street. On the way to the execution ground, with shackles on hands and feet, Wen Tianxiang walked calmly and bravely without the slightest timidity or fear. When the officials at the execution ground asked him whether he had something to say, he answered righteously："Death can not daunt me. I do not need to say anything." He then asked："Which direction is south?" Because his motherland was in the south, after he knew the direction, he bowed towards the south and eventually went to his death unflinchingly at the age of forty-seven.

生难字/词注解 | Notes

吉州庐陵：今江西吉安。
Luling, Jizhou：Today's Ji'an in Jiangxi Province.

勤王军：以保卫君王安全为职责的军队。
Qinwang Army：The army dutiful to the safety of the emperor.

大都：元朝首都，今北京。

Dadu：The capital of the Yuan Dynasty which is Beijing today.

故事评点 | Story Comment

文天祥是誓死抵抗元军侵略的著名将领。他一片赤胆忠心，一身浩然正气，临危不惧，慷慨就义。文天祥的爱国主义情怀可歌可泣，至今仍然让我们敬重和怀念。

Wen Tianxiang, the national hero who spared no effort to fight valiantly and doughtily against the Yuan Army, with his loyalty, braveness and uprightness, is still deeply respected and appreciated by us.

诸葛亮鞠躬尽瘁

Zhuge Liang Exerting All His Strength to His Country

zhū gě liàng shì sān guó shí qī zuì fù shèng míng de zhèng zhì jiā jūn
诸葛亮是三国时期最负盛名的政治家、军

shì jiā tā xué shí yuān bó jīng yú móu lüè shì shǔ hàn kāi guó huáng dì
事家。他学识渊博,精于谋略,是蜀汉开国皇帝

liú bèi de dé lì móu shì zǎo nián de zhū gě liàng cháng qī yǐn jū zài xiāng
刘备的得力谋士。早年的诸葛亮长期隐居在乡

cūn guò zhe qīng xián zì zài de tián yuán shēng huó hòu lái liú bèi tīng shuō
村,过着清闲自在的田园生活。后来刘备听说

zhū gě liàng cái huá zhuó yuè jiù jiē lián sān cì qīn zì dēng mén bài fǎng yāo
诸葛亮才华卓越,就接连三次亲自登门拜访,邀

请诸葛亮帮助他建功立业。诸葛亮被刘备的真诚感动，便答应了他的请求。

为了报答刘备的赏识与提携，诸葛亮为刘备筹划了立国的"隆中对策"。后来，刘备根据这一政治策略，联合孙权去攻打曹操，取得了赤壁之战的胜利，并占领荆州和益州，在成都建立了蜀汉政权。刘备称帝以后，诸葛亮受封为宰相。后来，刘备生了重病。临终前，他拉着诸葛亮的手说："你的才能比魏帝曹丕高十倍，肯定能够完成统一中国的大业。如果我的儿子刘禅是个可塑之才，你就辅佐他；如果他低劣无能，你可以取代他称帝。"诸葛亮听后，十分感激刘备对自己的信任，禁不住痛哭流涕，说："请主上放心，我一定会忠心耿耿地辅佐刘禅，一直到死。"

建兴元年，刘备的儿子刘禅继承了王位，诸葛亮继续担任宰相，一心一意地辅助刘禅治理蜀国。那时的蜀国动荡不安，内忧外患。但诸葛亮励精图治，尽心尽责，不管事大事小，他都亲自过问。有大臣看到他太辛劳了，就劝慰他说："您太劳累了，何必事事都亲力亲为呢？这是为什么呢？"诸葛亮回答："先帝待我恩重如山，如果我不尽心为蜀国出力，对不起先帝的信任和器重。"那些大臣听说后，都更加敬重诸葛亮的忠心和贤德。

诸葛亮为了完成刘备生前统一中国的愿望，曾先后六次亲自率领军队去攻打魏国，但都因为魏国军事力量强盛，最后只得以失败告终。公元228年的冬天，刘禅同意诸葛亮再次出兵的计划。诸葛亮又一次集结军队，出兵北伐。他带领将士积极组织进攻，但都没能够取得彻底胜利。最后诸葛亮累倒了，不幸病死在军营之中。

当刘禅得知诸葛亮病死的消息后，内心非常悲痛。他不禁想起诸葛亮临行前，给他写了篇名为《后出师表》的呈文，文章分析了当时战争的形势，表达了诸葛亮自己的宏图大志，结尾时写了"臣鞠躬尽瘁，死而后已"这句话。刘禅这才明白诸葛亮当时是抱着战死沙场的决心啊！刘禅十分感动，便遵从诸葛亮遗愿，将他安葬于定军山，并赐谥号"忠武侯"。

Zhuge Liang, the most prestigious statesman and military strategist in the Three Kingdoms period, was knowledgeable and resourceful, being the right-hand man of the first emperor of Shu-Han: Liu Bei. He led a long reclusion in a village, enjoying a free pastoral life. Because of Zhuge Liang's talent and intelligence, Liu Bei called on him in person three times and invited him to help establish themselves in their careers. Moved by him, Zhuge Liang agreed to his request.

To repay Liu Bei for his appreciation and promotion, Zhuge Liang outlined the "Longzhong Countermove" for Liu Bei to set up a new kingdom. Later, with this strategic plan, Liu Bei allied with Sun Quan to fight against Cao Cao, which finally helped him win in the Battle of Red Cliffs and occupy Jingzhou and Yizhou, setting up Shu-Han in Chengdu. Consequently, Liu Bei proclaimed himself as the emperor and Zhuge Liang as his prime minister. Afterwards, before dying, Liu Bei enjoined Zhuge Liang to assist his son, holding his hands: "You are ten times more talented and capable than Cao Pi in Wei. I am sure you can accomplish the unification of China. If my son Liu Shan is an able person, please assist him in managing the state affairs. If not, you can proclaim to be the emperor." Moved by the trust of Liu Bei, Zhuge Liang could not help crying: "Trust me. I would be loyal and devoted to assisting Liu Shan till my death."

In the first year of the Beginning Prosperity (223 A.D.), Liu Bei's son Liu Shan succeed to the throne. Zhuge Liang was still the prime minister working faithfully and devoted himself to managing the state affairs. At that time, Shu was characterized by turbulence and disturbance, full of civil strife and foreign aggression. But Zhuge Liang still exerted himself to make the country prosperous. No matter how small the matter was, he would ask in person. Some ministers felt puzzled: "Why are you so engaged in everything?" Zhuge Liang answered: "The late emperor gave me favors as weighty as a mountain and always trusted and thought highly of me. If I do not make all-out effort for Shu, I would feel guilty." Those ministers admired and respected him more for his loyalty and good virtues.

To achieve Liu Bei's dream of unifying China, Zhuge Liang led troops to fight against Wei for six times. All ended up with failure for the strong national power of Wei. In the winter of 228, Liu Shan allowed Zhuge Liang to attack the north again. Zhuge Liang led the northern expedition actively but still failed to win a complete victory. Eventually Zhuge Liang collapsed due to long-time tiredness, and died in the army camp.

Upon hearing the bad news of Zhuge Liang's passing away, Liu Shan felt sorrowful and thought of the war memorial from Zhuge Liang, in which the war situation was analyzed clearly, showing his ambitious expectations. At the end of this memorial, there went the lines "I shall strive on to the end which occurred to Liu Shan that at that time Zhuge Liang was already determined to die on the battlefield. Moved and touched by his patriotic sentiment, Liu Shan had Zhuge Liang buried in the Dingjun Mountain in accordance with his will and conferred the posthumous title "The Loyally Martial" upon him.

生难字/词注解 | Notes

刘备：三国时期蜀汉开国皇帝，谥号昭烈皇帝，史家又称其为先主。

Liu Bei：The first emperor of Shu-Han in the Three Kingdoms Period with the posthumous name the Glorious Emperor.

隆中对策：刘备三顾茅庐拜访诸葛亮时的谈话内容，即促成三国鼎立的战略决策。

Longzhong Countermove：The talk between Liu Bei and Zhuge Liang，which evolved into Zhuge Liang's Plans for the Three Kingdoms.

宰相：中国古代最高行政长官的通称。

Prime minister：The highest official title in feudal China.

先帝：前代已故的帝王。这里指刘备。

The late emperor：The late emperor who had died，here it refers to Liu Bei.

故事评点 | Story Comment

诸葛亮殚精竭虑，匡扶刘备建立蜀汉政权，尽心竭力地辅佐刘禅巩固帝业。他鞠躬尽瘁，死而后已，成为后世学习的楷模。后人敬重诸葛亮，称之为"千古名相第一人"。

Zhuge Liang exerted all his strength to his country and devoted himself to helping Emperor Liu Bei to set up Shu-Han. He also did his utmost to assist Liu Shan to consolidate the national power. His spirit of striving on to the end for his country is respected and honored by the descendants. People have honored him as "The First Top Prime Minister".

王昭君出塞和亲

Wang Zhaojun Marrying the Chieftain of the Xiongnu People for Peace

hàn yuán dì shí qī　　nán jùn de zǐ guī xiàn yǒu yí gè mào měi rú huā
汉元帝时期，南郡的秭归县有一个貌美如花、

cōng míng guāi qiǎo de nǚ hái　míng jiào wáng zhāo jūn　　yǒu yì nián　huáng dì
聪明乖巧的女孩，名叫王昭君。有一年，皇帝

xià lìng zài quán guó zhēng xuǎn měi lì xián shū de miào líng nǚ hái　yǐ chōng shí
下令在全国征选美丽贤淑的妙龄女孩，以充实

hòu gōng　　wáng zhāo jūn yīn zhǎng xiàng chū zhòng bèi xuǎn shàng hòu　jiù hé
后宫。王昭君因长相出众被选上后，就和

yí dà pī nǚ hái zi yì tóng lái dào gōng zhōng　　nà shí　huáng dì shì gēn
一大批女孩子一同来到宫中。那时，皇帝是根

jù huà shī chéng shàng de gōng nǚ huà xiàng　jué dìng yào xuǎn zé zhào jiàn nǎ
据画师呈上的宫女画像，决定要选择召见哪

yí gè nǚ zǐ　　zhāo jūn zài rù gōng shí yīn wèi méi yǒu gěi huà shī máo yán
一个女子。昭君在入宫时因为没有给画师毛延

寿送礼，毛延寿怀恨在心，就在昭君的脸上画了很多麻点。所以，昭君因为画像丑陋，始终没有被皇帝召见。

昭君在宫中受到了冷落，日子过得很是孤独寂寞。她看着一起进宫的姐妹被皇帝召见、宠幸，心里有时也觉得委屈。可是，达观的昭君并没有灰心丧气，她仍然每天坚持读书、作诗、弹琴。

日子就这样日复一日，年复一年地过去。不知不觉昭君入宫已经三年了。她似乎也习惯了这样冷冷清清的生活。然而，有一天，发生了一件事情，打破了后宫的宁静。

原来是北方匈奴的首领呼韩邪单于千里迢迢来到了长安。他表达了要和汉朝友好相处，并希望与汉朝结亲的愿望。汉元帝同意了他的请求。以前汉朝和匈奴和亲，都要选一位公主，但这次，汉元帝打算从后宫遴选一名宫女代替公主。此时，那些常年待在后宫的宫女听说可以出宫，都很兴奋，但一听到是去千里之外的北方匈奴之地时，都不愿意报名。王昭君听说这件事情后，主动请求去塞北和亲。于是，汉元帝决定将昭君远嫁匈奴。

昭君即将要跟随单于去匈奴之地的时候，汉元帝带领着大臣前来送行。当汉元帝看到昭君后，大为吃惊，因为之前所看到的昭君画像和昭君本人完全不一样啊。此时的昭君，仪态万方、娇美动人，元帝心里十分后悔和恼怒。后悔的是将昭君嫁去匈奴，恼怒的是画师竟然在呈报的画像上作假。可是，这时已经没有退路了，元帝不得不忍痛将昭君嫁给单于。元帝后来派人查明事情真相，发现原来是毛延寿贪图钱财，故意将没有给他财物的昭君画成一个丑女。

元帝非常生气，于是下令将毛延寿杀了。

但是，昭君却无怨无悔。她在侍卫的护送下，披着斗篷，骑着马，离开熟悉的长安，离开生养她的土地。她一路上历尽千辛万苦，冒着塞外刺骨的寒风，千里迢迢终于来到了北方匈奴的属地，做了呼韩邪单于的妻子，受封为阏氏。昭君在匈奴之地亲身示范，勤勉克己，无私地向当地人传授先进的耕作方法，改善了人们的生活条件。不仅如此，她还提倡读书、识字、学习文化，在臣民之间传播亲善汉朝的思想。昭君的贤德和勤劳，使她受到了整个单于部落的尊重和爱戴。

昭君死后，匈奴整个部族都沉浸在悲伤之中，他们以最高的仪典厚葬了昭君。根据昭君临死时的遗愿，她的坟墓是坐北朝南修建的，就好

xiàng tā zài níng wàng zì jǐ de fù mǔ zhī bāng yí yàng tā de mù yuán

像她在凝望自己的父母之邦一样。她的墓园

zhōu wéi huā cǎo biàn dì zhòng mǎn le qīng sōng cuì bǎi cháng nián qīng cuì

周围花草遍地，种满了青松翠柏，常年青翠，

hòu rén chèng zhī wéi qīng zhǒng

后人称之为"青冢"。

In the reign of Emperor Yuan in the Han Dynasty, in the Zigui County of Nanjun, there lived a beautiful and clever girl named Wang Zhaojun. One year, the emperor decreed to select beautiful girls as his palace beauties. Because of her charming appearance, Wang Zhaojun as well as many other beautiful girls was selected and sent to the imperial palace. At that time, decision of which girl the emperor would like to see completely depended on the girl's portrait drawn by painter. Wang Zhaojun had not given any gift or money to the painter—Mao Yanshou who later retaliated her by adding many pocks on her face in the portrait, which resulted in no chance for her to see the emperor.

Wang Zhaojun got neglected in the imperial palace, leading a lonely and solitude life. Sometimes she was injured because she saw other girls summoned or loved by the emperor. But she insisted on reading books, writing poems and playing the Chinese zithers. Day after day, year after year, it had been three years for her to live such a quiet and lonely life in the imperial palace, to which she seemed to have become accustomed. But one day, one thing broke the peaceful life in the imperial palace.

Huhanye, the chieftain of the Xiongnu people travelled a long distance to Chang'an to establish friendly relations with Han through marriage. Emperor Yuan of Han agreed. Traditionally a princess would be chosen, but Emperor Yuan of Han intended to select a palace maid as princess to marry to the chieftain of the Xiongnu people. Those maids living in the imperial palace for years were excited when they heard it would be a chance for them to leave the palace. But they all changed their minds when they found they must live in the faraway Xiongnu's land in the north. Only Wang Zhaojun still requested to marry there for the national peace. Then, the emperor agreed.

It came to the day when Wang Zhaojun went on the journey with the chieftain to the Xiongnu's land, Emperor Yuan of Han led ministers to see them off. The emperor was shocked when seeing the beautiful and attractive Wang Zhaojun who looked totally different from the image in her portrait. The emperor was annoyed and regretful to send her off. However he had no other choice but to keep his promise. Later the emperor found out the truth that the painter, Mao Yanshou, drew a false portrait of Wang Zhaojun, because he had not received any profit from her. Subsequently, Mao Yanshou was executed for deceiving the emperor.

However Wang Zhaojun did not regret her decision to leave Chang'an and her motherland. In a cloak, she rode on a horse, escorted by guardians, and headed for the Xiongnu's land. After countless hardships and long-distance travel, in the bitter coldness beyond the border, she finally arrived in the land of Xiongnu in the north and became the wife of Huhanye, and was honored as his empress. Being diligent and frugal, she imparted advanced farming methods selflessly to the local people to improve their life condition. Besides, she advocated education and culture learning to spread the idea of keeping a peaceful and harmonious relationship with Han. Because of her kindness and diligence, she was respected and loved by the whole tribe.

When Wang Zhaojun died, the whole tribe was immersed in grief. They buried her with the highest-standard ceremony. According to her will, her tomb was built facing the south like she was watching her motherland. Surrounded by beautiful flowers, green pines, cypresses and green grass all year round, her tomb is called "Qing Zhong" (Green Tomb) by descendants.

生难字/词注解 | Notes

秭归县：今属湖北省。
Zigui County： A county, now in Hubei Province.

和亲：封建王朝与边疆统治集团结亲和好。
Marry for peace：（In some feudal dynasties）Make peace with rulers of minority nationalities in the border areas by marriage.

单于：匈奴君主的称号。
Chanyu： Chief of the Xiongnu in ancient China.

故事评点 | Story Comment

　　王昭君与西施、貂蝉、杨玉环并称为中国古代四大美人。"昭君出塞"的故事在我国可谓家喻户晓、妇孺皆知，昭君成了民族亲善和睦的化身。昭君出塞和亲，为结束匈奴和汉朝之间的战争，百姓安居乐业，做出了重要贡献，因而她为后人敬重。

　　Wang Zhaojun together with Xishi, Diaochan and Yang Yuhuan are called the Four Beauties of ancient China. The story of Wang Zhaojun marrying the chieftain of the Xiongnu people for peace is well known. Wang Zhaojun, the embodiment of national peace and harmony, is respected and honored by descendants, because her marriage ended the war between the Xiongnu and the Han, bringing a peaceful and happy life to the common people.

苏武牧羊

Su Wu Tending Sheep

xī hàn shí qī　hàn wǔ dì pài zhōng láng jiàng sū wǔ wéi shǐ chén
西汉时期，汉武帝派中郎将苏武为使臣，

zhāng shèng wéi fù shǐ　chū fǎng xiōng nú　　xiōng nú chán yú jiàn hàn cháo zhǔ
张胜为副使，出访匈奴。匈奴单于见汉朝主

dòng qiú hé jié jiāo　bù yóu de yáng yáng de yì　fǎn ér jiāo hèng qǐ lái
动求和结交，不由得洋洋得意，反而骄横起来，

duì sū wǔ děng rén biǎo lù chū ào màn zhī qíng　sū wǔ wèi le shǐ shuāng fāng
对苏武等人表露出傲慢之情。苏武为了使双方

néng gòu hé píng gòng chǔ　biàn jí nài xīn de yǔ chán yú dǎ jiāo dào　sū
能够和平共处，便极耐心地与单于打交道。苏

wǔ zhǔn bèi wán chéng rèn wù hòu　jìn kuài de fǎn huí hàn cháo　kě shì lín
武准备完成任务后，尽快地返回汉朝。可是，临

回汉朝的时候却发生了一件令人意想不到的

事情。

单于身边有个叫卫律的谋士，原来是汉人，

多年前汉武帝派他出使匈奴时被单于扣押。那

时，卫律因无法忍受牢狱生活，便归降了匈奴。

卫律有一个部下名叫虞常，是个忠于汉朝的将

士。他不满卫律投降单于的做法，所以，一直试

图杀掉卫律，以便重回汉朝。当虞常知道汉

朝使臣苏武、张胜正在出使匈奴的时候，就偷

偷地和张胜密谋杀掉卫律。但是他们的计谋不

小心被泄露了。单于杀死了虞常，并逼迫苏武投

降。苏武强忍着伤痛，没有丝毫退缩。为了逼

迫苏武投降，单于下令把苏武关进冰冷的地窖

之中。过了一段时间，单于又以荣华富贵来诱惑

他。苏武仍然不为所动。单于没有办法，只好按

照卫律的计策，把苏武送到荒蛮苦寒的北海一带。临行时，单于还给了苏武一些公羊，说："等公羊生了小羊，就送你回汉朝。"苏武明白单于是想长期监禁自己罢了！

北海这个地方，常年累月下大雪，十分荒凉，方圆百里看不见人烟。苏武到了北海后，身旁什么人都没有，和他做伴的只有那根代表汉朝使臣的旌节和那一群公羊，生活十分悲苦艰难。苏武紧紧握着那根旌节，从不离手，连晚上睡觉也搂在怀里。他总想着有一天，能拿着旌节回到自己的祖国。苏武在北海忍受着常人难以想象的饥饿、寒冷、凄苦和孤独，在那里一待就是十九年。

汉武帝死后，汉昭帝即位。昭帝向匈奴提出释放被扣押的汉朝使节的要求，匈奴不得已只好

shì fàng le sū wǔ děng rén　　hàn zhāo dì shǐ yuán liù nián chūn tiān　sū wǔ
释 放 了 苏 武 等 人。 汉 昭 帝 始 元 六 年 春 天, 苏 武

zhōng yú huí dào kuò bié yǐ jiǔ de zǔ guó　　kě shì　sū wǔ dāng nián chū shǐ
终 于 回 到 阔 别 已 久 的 祖 国。 可 是, 苏 武 当 年 出 使

xiōng nú de shí hou　hái shì gè zhèng zhí zhuàng nián de hàn zi　huí lái de
匈 奴 的 时 候, 还 是 个 正 值 壮 年 的 汉 子, 回 来 的

shí hou què chéng le yí gè tóu fa huā bái　tǐ ruò duō bìng de lǎo rén le
时 候 却 成 了 一 个 头 发 花 白、体 弱 多 病 的 老 人 了!

In the Western Han Dynasty, Emperor Wu dispatched the Imperial Commander Su Wu as an envoy and Zhang Sheng as the vice envoy to visit the Xiongnu. The chieftain of the Xiongnu people became proud and arrogant when he found the ministers of Han came to seek peace. But Su Wu still negotiated with the chieftain patiently. He planned to return to Han quickly once the task was completed. However an unexpected thing happened.

An adviser of the chieftain named Wei Lü, once an envoy of Han, was detained by the chieftain and later surrendered to the Xiongnu because he could not bear the bitter life in jail. One of his subordinate named Yu Chang, a loyal officer, resented his surrender and was plotting to kill him to return to Han. When Yu Chang heard Su Wu and Zhang Sheng as envoys of Han were on a diplomatic mission to Xiongnu's area, he plotted to murder Wei Lü with Zhang Sheng. But their plan was disclosed. Then the chieftain killed Yu Chang and forced Su Wu to surrender. Su Wu held his bitterness and sorrow without flinching. To force him to compromise, the chieftain put him into a cold cellar. After a while, the chieftain tried to seduce Su Wu with glory and wealth which still could not change his standpoint. Finally the chieftain felt helpless. He accepted the suggestion of Wei Lü and sent Su Wu into exile. Before Su Wu headed to the barren cold North Sea area, the chieftain gave him some rams and said: "When the rams give birth to lambs, we will send you back to Han." Su Wu realized he would be imprisoned there for a long term.

The North Sea was a desolated place with snow all year round. When Su Wu arrived there, he found nobody, only the insignia of the emperor of Han and the flock of rams could accompany him. Life was miserable and tough. Holding tightly the insignia in hand, even during sleep, he dreamed one day he would return to his motherland. Finally he stayed in the North Sea area for nineteen years during which he suffered from incredible starvation, coldness, hardships and solitude.

After the death of Emperor Wu of Han, Emperor Zhao of Han succeeded to the throne. He required the Xiongnu to release those arrested envoys. Xiongnu had to set Su Wu and other envoys free. In the spring of the sixth year of the Right Beginning Era (81 B.C.), during the reign of Emperor Zhao of Han, Su Wu finally returned to the long-departed motherland. He was no longer a strong young man but a weak old white-haired man.

生难字/词注解　|　Notes

中郎将：汉时官职名称。

Imperial Commander：One kind of official post in the Han Dynasty.

北海：今贝加尔湖。

North Sea：Now Lake Baikal.

故事评点　|　Story Comment

苏武牧羊十九年，历经种种磨难，但他依然坚定不移地捍卫民族尊严，坚守民族气节。他忠于祖国，不贪图富贵、不畏惧强权与矢志不移的崇高品质，备受后人尊敬。

Su Wu suffered from various tortures and hardships during years of exile, but he firmly defended and guarded his national dignity and moral integrity. Being loyal to his country, indifferent to fame and wealth, the strong-minded Su Wu is respected and honored by the descendants.

格言精粹 │ Quotations

1. 长太息以掩涕兮，哀民生之多艰。——屈原

Long did I sigh and wipe away my tears, to see my people bowed by grief and fears. —Qu Yuan

2. 常思奋不顾身，而殉国家之急。——司马迁

Sacrifice for the national crisis regardless of personal danger. —Sima Qian

3. 捐躯赴国难，视死忽如归。——曹植

Sacrifice for the national crisis, regard death as coming back to motherland. —Cao Zhi

4. 中夜四五叹，常为大国忧。——李白

Constantly sign deeply for the future of the country, sleepless till mid-night. —Li Bai

5. 位卑未敢忘忧国。——陆游

Humble position can not prevent me from being concerned about the country. —Lu You

6. 先天下之忧而忧，后天下之乐而乐。——范仲淹

Be the first to bear the world's hardship, and the last to enjoy its comfort. —Fan Zhongyan

7. 宁鸣而死，不默而生。——范仲淹

Better demonstrate and die, than keep silence and live. —Fan Zhongyan

8. 人生自古谁无死，留取丹心照汗青。——文天祥

All men are mortal, but my loyalty will illuminate the annals of history forever. —Wen Tianxiang

9. 当须徇忠义，身死报国恩。——李希仲

Loyalty and righteousness steadfastly pledge one's life to sacrifice for the country. —Li Xizhong

10. 天下兴亡，匹夫有责。——顾炎武

Everybody is responsible for the fate of the world. —Gu Yanwu

中　国　经　典　美　德　故　事

第二辑 孝悌好礼

Part 2 Filial Piety and Etiquette

花木兰代父从军

Hua Mulan's Military Legend

^{běi wèi nián jiān yǒu yí gè míng jiào huā mù lán de nǔ hái　xìng gé huó pō}
北魏年间有一个名叫花木兰的女孩,性格活泼

^{shuǎng lǎng　cóng xiǎo jiù　xǐ huān gēn zhe fù qīn wǔ qiāng nòng bàng　qí mǎ shè}
爽朗,从小就喜欢跟着父亲舞枪弄棒、骑马射

^{jiàn　xué de yì shēn hǎo wǔ yì　zài huā mù lán shēng huó de shí dài　guó jiā}
箭,学得一身好武艺。在花木兰生活的时代,国家

^{zāo shòu wài dí qīn lüè　biān jiāng zhàn shì jǐn jí　cóng biān guān chuán lái zēng jiā}
遭受外敌侵略,边疆战事紧急,从边关传来增加

^{yuán bīng de zòu zhé yì fēng fēng jiē lián bú duàn　huáng dì shí fēn jiāo jí　wèi}
援兵的奏折一封封接连不断,皇帝十分焦急。为

^{le còu zú bīng lì　huáng dì zhǐ děi xià lìng zài quán guó dà guī mó de zhēng}
了凑足兵力,皇帝只得下令在全国大规模地征

^{bīng　zhēng bīng shū hěn kuài biàn pài fā dào quán guó gè dì　yāo qiú měi gè jiā}
兵。征兵书很快便派发到全国各地,要求每个家

庭都必须派出一名成年男子应征入伍。

这天，官府里的差役把征兵书送到花木兰家里，通知木兰的父亲去当兵。可是，木兰的父亲已经六十多岁了，体弱多病，又怎么能够上前线去打仗呢？木兰没有哥哥，弟弟又太小，怎么办呢？

这可急坏了花木兰的一家。木兰不忍心让年老的父亲去受苦，又不想让年幼的弟弟去冒险。于是决定女扮男装，代父从军。木兰把自己的想法跟家里人说了，家里人都不同意，他们觉得一个女孩儿当兵打仗太危险了。可是木兰态度很坚决，并承诺一定会保护好自己，平安回家。年迈的父母亲虽然舍不得女儿出征，但官府一再催促，又没有其他办法，最后只得同意她替老父亲去当兵。

木兰随着队伍，来到了北方边境。她担心自己女扮男装的秘密被人发现，因此时时刻刻都加倍小心，不敢大意。白天行军的时候，木兰紧紧地跟着队伍，从不敢掉队。夜晚宿营的时候，她从来不敢脱衣服。木兰不仅武艺高强，而且熟悉兵法。因此，她在战场上屡立功勋，赢得了大家的尊重和敬佩。

十二年后，战争结束了。皇帝召见有功的将士，论功行赏。但是，木兰既不想做官，也不想要财物，她只希望得到一匹快马，好让她立刻回家。皇帝听说后，为木兰的孝顺所感动，于是欣然答应，并派使者护送木兰回家。

木兰的家人听说木兰凯旋，都非常欢喜，立刻赶到城外去迎接她。弟弟在家里杀猪宰羊，准备丰盛的宴席。木兰在父母、亲友们的簇拥下开开心心地回到阔别十二年的家。当她来到自己的闺房，看着房间里的一切摆设也都还是原来的样

子时，她的心情久久不能平复。她慢慢地脱下战
袍，换上女装，把满头乌黑顺滑的头发披散开
来，接着，她描眉画唇，轻施粉黛。等她收拾好走
出房门，那些战友都惊呆了。谁也没有想到并肩
作战了十二年的木兰竟然是一位美丽动人的
女子。

In the Northern Wei Dynasty, a girl named Hua Mulan was lovely and lively, being active in learning various weapons like sword, javelin and sticks, and skills of equitation and archery, who later became mastered in the use of arms. At that time, her motherland suffered from foreign invasion in the frontiers, so continual memorials were sent to the court for help, which worried the emperor. The emperor had to make an order to recruit soldiers nationwide so as to enhance the military strength. The imperial edict was soon spread throughout the country, calling in an adult man of each family.

One day, an officer came to Hua Mulan's house and notified

her father to serve in the army. But her father was more than sixty years old, weak and sick. How could her father come to the battlefield? Mulan had no older brothers but just a younger one. All her family members were worried and anxious. As Mulan was neither willing to let her old father suffer in the army nor make her younger brother to risk his life, then she decided to disguise herself as a man to join the army for her father. But her decision was objected by her family, because a lady fighting in the battlefield was dangerous. Mulan insisted on her plan and promised to protect herself and return home safely. Though not willing to allow their daughter to join the army, the old couple had no other choice but to accept her plan because of the repeated call-ups from the officials.

Finally, Mulan came to the northern frontier with the army. She was worried that her secret would be disclosed, so she kept cautious all the time. In the daytime, she followed the army closely while at night she slept with her clothes on. Her high military skills and proficient art of war distinguished herself and helped her win honor and appreciation.

Twelve years later, when the war finally ended, all the warriors were summoned by the emperor and rewarded according to their achievements. Mulan did not want the official post nor the property but only one fast horse to take her home immediately. Moved by her filial piety, the emperor agreed and sent guardians to escort her home.

All the family members of Mulan were ecstatic to hear the good news of her coming back home in triumph. They hurried to welcome her outside the town, while her younger brother stayed at home, killing pigs and sheep to prepare a feast. Surrounded by her parents and relatives, Mulan finally came back home happily after twelve years separation. When she came to her boudoir, seeing everything in the old position, strong feelings surged through her. She took off her fighting robe, lay down her long black hair, put on rouge and powder, and dress as a woman again. When she came out of her room, all her comrades were shocked, not expecting Mulan, a comrade-in-arms for twelve years, to be a beautiful lady.

生难字/词注解 | Notes

凯旋：战胜归来。
Coming back home in triumph：Triumphant return.

簇拥：很多人紧紧围绕着或护卫着，就像花瓣围绕着花蕊一样。
Surrounded by：Surrounded or guarded by many people in the same way that the pistil is surrounded by petals.

闺房：妇女的梳妆室、卧室或私人起居室。
Boudoir：Woman's dressing room，bedroom or private living room.

故事评点 | Story Comment

花木兰替父从军，征战沙场，展现了她忠、孝两全的美好品德。花木兰的英雄事迹，使她成为中华民族杰出的巾帼英雄，千百年来为人们传诵。

The story that Hua Mulan took her father's place in the army to fight in the battlefield showed her loyalty and filial piety. Her heroic feat has been told for over a thousand years by people, and she has become a brilliant Chinese heroine.

汉文帝亲尝汤药

Emperor Wen of Han Checking His Mother's Medicine
Personally

xī hàn shí qī de hàn wén dì liú héng shì hàn gāo zǔ liú bāng de dì
西汉时期的汉文帝刘恒,是汉高祖刘邦的第

sì gè ér zi tā xìng qíng wēn hòu dài rén hé shàn shí fēn xiào shùn shēn
四个儿子,他性情温厚,待人和善,十分孝顺,深

shòu guó rén de jìng ài
受国人的敬爱。

chuán shuō hàn gāo zǔ zài wèi de shí hou liú héng shòu fēng yú dài jùn
传说汉高祖在位的时候,刘恒受封于代郡,

bèi yù chēng wéi dài wáng nà shí tā hé mǔ qīn bó jī yì qǐ zhù zài
被誉称为"代王"。那时,他和母亲薄姬一起住在

代郡，母子俩相敬相亲，感情十分深厚。刘恒每天晨昏都向母亲问安，关心母亲的衣食，从没有间断过。为了不使母亲烦闷，他时常在忙完公务后，邀请母亲一道去城中或郊外游玩。在长时间接触民间生活后，刘恒也更加了解老百姓生活的疾苦。这促使刘恒下定决心要成为一位贤孝的明君。

后来，刘恒继承王位，封汉文帝。汉文帝刘恒不仅施行仁政，每日勤勉政务，殚精竭虑地操劳国事，而且，还更加尽心尽力地照顾年迈的母亲，从来不敢怠慢。一次，汉文帝的母亲薄太后突然生了一场重病，整整三年一直卧床不起。汉文帝除了勤理朝政，还日夜守护在母亲的床前，亲自为母亲煎熬汤药。汤药熬好之后，他总要先尝一尝，看看汤药苦不苦，烫不烫，觉得

温度适合了才放心端给母亲喝。汉文帝就这样

没日没夜地尽心侍奉了母亲三年。

后来，有人用"目不交睫，衣不解带"来形容他

对母亲无微不至的照顾。意思是说他即使累了，

也不愿意闭上眼睛、解开衣带脱下衣服好好地睡

一觉。这足以看出汉文帝是如何尽心尽力地侍奉

母亲。汉文帝的仁义和孝顺感动了天下人，加

上他治国有方，国家呈现出兴旺发达的景象。

汉文帝与后来的汉景帝一起开创了历史上有名

的繁荣时代："文景之治"。

Emperor Wen of the Western Han Dynasty, Liu Heng, the fourth son of the founder of the Han Dynasty, was respected by people for his gentleness, kindness and filial piety.

It was said in the reign of the founder of the Han Dynasty,

his son Liu Heng was granted the title of Dai Wang (Prince of Dai) in Daijun where he lived with his mother harmoniously, sharing deep love and respect. Every morning and afternoon, Liu Heng would come to his mother's room for greeting and taking care of her living. For fear that his mother be bored, he often invited his mother to travel in the city or to the suburb after his official affairs had been done. Being close to the life of common people for a long time helped Liu Heng know their living conditions and sufferings, which prompted him to be an able and filial emperor.

Afterwards, Liu Heng succeeded to the throne and was known as Emperor Wen of Han. He not only implemented the policy of benevolence, dealt with official affairs every day, endeavored on the state's events but also served his mother with respectful filial piety. One day, his mother Empress Dowager Bo got serious illness of a sudden. She lay in bed for three years, during which Liu Heng kept guarding beside his mother's bed and making medicine in person day and night. Besides, he always tasted the medicine first to see whether it was bitter, hot or not. Only when the medicine was in a right temperature did he bring it to his mother.

Later someone used "sleepless without undressing" to describe his meticulous care for his mother. Though tired, he would not close eyes for a nap or take off his clothes to rest, not losing his vigilance in the least to nurse his mother. His benevolence, filial piety and diligence on the state affairs led to a well-governed and prosperous country. He created the famous booming age of "Rule of Wen and Jing" together with Emperor Jing of the Western Han Dynasty.

生难字/词注解 | Notes

殚精竭虑： 形容耗尽精力，费尽心思。

Endeavor on：Mediate deeply to or spare no effort to do something.

故事评点 | Story Comment

汉文帝身为一国之君，却能尽心服侍母亲，令人敬佩。他笃行孝道，躬亲示范，赢得了天下人心。这个故事告诉我们，为人子女要孝敬父母，做好尽孝的本分。

Emperor Wen of the Western Han Dynasty as a powerful ruler, took care of his mother with all his heart, so he was adored and admired by people. His filial piety helped him win the heart of people. This story tells us: children ought to carry on the virtue of filial piety and practise it towards their parents.

李密辞官报恩

Li Mi Declining Official Appointment to Requite Favors

西晋时期有一个人叫李密，他以孝顺和恭敬

对待祖母而天下闻名。据说，在他幼年的时候，

父亲就不幸去世，过了不久，母亲也离家出走了，只

剩下他和祖母两人相依为命，艰难度日。一次，

李密生了一场大病，幸好祖母四处寻医问药，不

辞辛劳日夜照料，李密才得以痊愈。虽然生活十

分贫困，但是，李密从小就乖巧懂事、聪明好

学，他平时帮祖母干活，一有空闲就努力读书。

在祖母的鼓励下，李密始终坚持不懈奋发向上，终于成了一位学识渊博的大学者。

泰始初年，蜀中平定后，晋孝武帝因十分欣赏李密的贤德，就下诏书选用他为太子洗马。然而，这时候，李密年老的祖母已长期卧病在床。李密日夜守在祖母床边，亲自为她做饭菜、端汤药，无微不至地照料祖母。李密心想："如果此时接受朝廷任命，祖母怎么办呢？我从小由祖母抚养长大，我不能做一个不仁不孝之人呀！"所以，当朝廷不停派发诏书，郡县也不断派人前来催促李密去任职的时候，李密十分为难。

情急无奈之下，李密给皇帝写了一封奏折。他说："如果没有祖母，我就不可能活到今天。祖母如果没有我，就不能安度晚年。我们祖孙二人相依为命，我不敢离开祖母而远行。我今年四十四岁，祖母今年九十六岁，我为陛下效劳的时日还很长，可是我报恩祖母的日子却很短。我请求陛下准许我为祖母养老送终。"晋孝武帝看到李密呈报上来的奏折后，非常感动，赞叹道："真是个贤孝之人呀！"他当即同意李密在家侍奉祖母，还下圣旨给予他丰厚的赏赐，以嘉奖他孝敬长辈的诚心。

李密听说皇帝同意他在家照料祖母，心里非常感激。从那以后，他就安心地在家里照顾祖母，让祖母衣食无忧，还经常讲些有趣的故事给祖母解闷。李密的懂事体贴，使祖母在生命的最后几年生活得舒心快乐。后来，李密一直到祖母逝世，服完三年大孝之后，才去朝廷复命。

In the Western Jin Dynasty, there was a man named Li Mi who was famous for his filial piety. It was said when he was a little child, his mother ran away not long after his father's death, leaving him and his grandmother relying on each other in a tough life. One day, Li Mi fell ill seriously. His grandmother sought medical treatments for him and nursed him day and night. Luckily he recovered. Though life was tough, Li Mi, as a sensible, clever and studious boy, constantly helped his grandmother do housework, and read books during his leisure time. With his grandmother's encouragement and his steadfast efforts, he finally became a knowledgeable scholar.

In the first year of the Great Beginning Era in Jin calendar (271 A.D.), as all the opposition in Yizhou was at an end, Emperor Xiaowu of Jin appreciated Li Mi's talent and virtue, and then gave an imperial edict to appoint him as Taizi Xianma to teach the crown prince. However, at that time, his old grandmother had been in bed for years. He took care of her day and night, prepared meals and served medicine in person. He thought: "If I accept the appointment now, my grandmother would be left alone without companion. I was brought up by her and I cannot be a selfish person without benevolence and filial piety." So when the court continually sent imperial edicts or when people from the county government compelled him to take the post, Li Mi was still in a dilemma.

Without other choices, Li Mi wrote a memorial to the emperor in which he said: "If without my grandmother, I could not be alive today. If without me, my grandmother would not be able to live out her remaining years. We depended upon each other for life, not daring to depart from each other. I am forty-four while my grandmother is ninety-six. The time for me to fulfill my duty to Your Majesty is long while that for repaying my grandmother is short. I beg to be allowed to take care of her in her final days." The emperor was moved by him: "He is a really virtuous man with honesty and filial piety!" The emperor gave his consent right away as well as an imperial edict to grant Li Mi generous reward so as to praise his filial piety.

Li Mi felt appreciated when he heard the emperor agreed to his request. Since then, he stayed at home to take care of his grandmother wholeheartedly and often told interesting stories to entertain her. His kindness and considerateness helped to comfort his grandmother in her last years. Later, after three years' mourning and commemorating for his grandmother. Li Mi came to the court to accept the post granted by the emperor.

生难字/词注解 | Note

太子洗马: 古代官职。 专门辅佐太子、教太子政事文理的官员。

Taizi Xianma: An official title in feudal China. An official who assisted and taught the crown prince.

故事评点 | Story Comment

李密尽心侍奉祖母，报答祖母的养育之恩，展现了百善孝为先的传统美德。这个故事告诉我们，作为儿女子辈要有乌鸦反哺之心，孝顺父母长辈。

Li Mi served his grandmother wholeheartedly to repay her rearing, which reflected the traditional Chinese virtue "of all virtues filial piety goes the first". His story tells us that as the offspring we ought to have the awareness of the crow's feedback, being filial to parents and the elders.

缇萦救父

Tiying Saving Her Father

缇萦，姓淳于，是西汉时期临淄人。她的父
亲淳于意喜欢读书，爱好医学。他本来是一位地
方官员，可是由于他性格刚正不阿，又不喜欢
官场的名利纷争，于是没多久就辞官回家，做
起了专职医生。淳于意医术高超，医治的病人
往往很快就会康复，因此他远近闻名，来求医

看病的人络绎不绝。但是,并非所有的病他都能够找到医治方法,尤其是一些绝症,是无药可治的。

一次,淳于意就碰到了这样的绝症病人。

那位病人吃了淳于意配给的药后,病情始终不见好转,过了几天就去世了。于是,那户人家向官府告状,诬陷淳于意故意开错药方。昏庸无能的官吏审判淳于意有罪,要把他押解到京城长安去受"肉刑"。

淳于意临走的时候,全家人都很伤心。淳于意生有五个女儿,没有儿子。他失望地望着女儿们,感叹说:"唉,可怜我没有生一个儿子,遇到事情,现在五个女儿一个也帮不上忙。"几个女儿听了,都伤心地流下了眼泪。淳于意最小的女儿名叫缇萦,性情刚直、坚强。她心想:"难道女儿就真的没有用吗?"于是,她请求和父亲一起去长安。

缇萦到了长安之后,请人代写了一封奏章,到皇宫门口递给守门的人,请求将奏章呈报给皇帝。当时是汉文帝当政,汉文帝接到奏章后,知道上书的是个小女孩,但仍然十分重视。那奏章是这样写的:"我叫缇萦,是淳于意的小女儿。我父亲做官的时候,当地的人都说他是个清官。这回他犯了罪,被判处肉刑。我不但为父亲难过,也为所有受肉刑的人伤心。一个人砍去脚就成了残废;割去了鼻子,不能再接上去,以后就是想改过自新,也没有办法了。我情愿一辈子做牛做马,在官府服役,替父亲赎罪,只求皇上能免去父亲的刑罚,给他一个改过自新的机会呀!恳请皇上恩准。"

hàn wén dì kàn wán hòu bèi tā de yí piàn xiào xīn gǎn dòng biàn pài
汉文帝看完后，被她的一片孝心感动，便派

rén qù shěn chá àn jiàn fā xiàn chún yú yì shì bèi yuān wang de hàn wén
人去审查案件，发现淳于意是被冤枉的。汉文

dì jiù xià lìng shè miǎn le tí yíng de fù qīn tóng shí hàn wén dì hái xià
帝就下令赦免了缇萦的父亲。同时，汉文帝还下

lìng fèi chú le ròu xíng
令废除了肉刑。

Chunyu Tiying was a girl from Linzi in the Western Han Dynasty. Her father Chunyu Yi was once a local officer. Being upright and addicted to medicine and reading instead of being in favor of the fame and fortune strife in the officialdom, her father resigned his official post and became a professional doctor. For his super medical skills, most of his patients could recover soon, which resulted in a continuous stream of people visiting him for treatment. But not all patients could be cured, especially those patients with terminal diseases.

Once a patient with terminal disease took the medicine prescribed by Chunyu Yi, he did not get better and died several days later. His family sued Chunyu Yi for deliberately giving the wrong prescription. The stupid and incompetent officers declared Chunyu Yi guilty and sent him to the capital city of Chang'an under escort for corporal punishment.

His family were all grieved. Before his departure, Chunyu Yi was disappointed and sighed towards his five daughters: "What a pity it is to have no son! Encountering this misfortune, none of you can help me." His daughters all burst into tears sadly. The youngest daughter named Tiying, an upright girl with strong determination, disagreed: "Can't the daughters be relied on?" she pleaded to go to Chang'an with her father.

After arriving in Chang'an, Tiying asked someone to write a memorial to the throne and gave it to the guardian outside the imperial palace, begging him to send it to the emperor. Though the memorial was submitted by a young girl, the Emperor Wen of Han still attached great importance to it which wrote: "My name is Chunyu Tiying, the youngest daughter of Chunyu Yi who was once an honest and upright official in the local people's eyes. Now he has committed a fault and would be given the corporal punishment. I feel sad for my father as well as all those people who have suffered from the same punishment. The feet cut down would make people disable. The noses cut down cannot be joined up again. There will be no chance for the person to reform. I am willing to take service to atone for my father's crime. I only plead that my father can be free from corporal punishment for a chance to correct his errors. I plead for your approval."

Moved by her filial piety, the emperor appointed people to review the case and finally proved Chunyu Yi's innocence. Then the emperor absolved her father of any crimes, meanwhile, he issue a command to abolish the corporal punishment.

生难字/词注解 | Notes

临淄：今属山东省。

Linzi：A city，now in Shandong Province.

肉刑：当时的肉刑有一种是脸上刺字，再涂上墨染黑，叫作黥面，也称墨刑；有一种是割去鼻子，称劓刑；还有一种是砍断犯人的脚，叫刖刑。

Corporal punishment：A punishment including carving Chinese characters on the face and then black the face，which was called "qingmian" or "moxing"；cutting off the nose，which was called "yixing"；and cutting off the feet，which was called "yuexing".

赦免：权力机关依法定程序减轻或免除对罪犯的刑罚。

Absolve：Remit or mitigate the criminal from penalty.

故事评点 | Story Comment

缇萦以自己非凡的勇气和智慧,使父亲的冤屈得以昭雪。缇萦是后世人们遵循孝道的典范,为人们所铭记。

With extraordinary braveness and wisdom, Chunyu Tiying helped her father to be rehabilitated. She is appreciated by descendants as a good example for her filial piety.

闵子骞跪地留母

Min Ziqian Pleading with His Mother to Stay

mǐn zǐ qiān shì chūn qiū mò qī de lǔ guó rén　　shì kǒng zǐ de xué
闵子骞是春秋末期的鲁国人，是孔子的学

shēng　qī shí èr xián rén zhī yī　　xìng qíng zhōng hòu chún liáng　yǐ xiào zhù
生，七十二贤人之一，性情忠厚纯良，以孝著

chēng　mǐn zǐ qiān hěn xiǎo de shí hou mǔ qīn jiù bú xìng guò shì le　hòu lái
称。闵子骞很小的时候母亲就不幸过世了，后来

tā de fù qīn yòu xù qǔ le yí gè qī zi　tā jiù cǐ yǒu le jì mǔ
他的父亲又续娶了一个妻子，他就此有了继母。

gāng kāi shǐ de shí hou　jì mǔ duì tā hái suàn kè qi　kě shì　jì mǔ jiē
刚开始的时候，继母对他还算客气，可是，继母接

lián shēng le liǎng gè dì di hòu　duì tā de tài dù jiù hěn bù yí yàng le
连生了两个弟弟后，对他的态度就很不一样了。

píng shí　jì mǔ zǒng shì wéi hù zì jǐ de qīn shēng ér zi　duì mǐn zǐ qiān
平时，继母总是维护自己的亲生儿子，对闵子骞

很不好，常常指使他干苦活累活，做不好还要打骂他。可是，乖巧孝顺的闵子骞从来不向父亲抱怨继母的恶劣行为，以免父亲担忧。所以，他的父亲一直都不知道闵子骞竟然受了这么多的委屈。

有一年冬天，天气异常寒冷。闵子骞的父亲嘱咐妻子给几个孩子每人做一件棉衣。由于受私心的驱使，继母做棉衣的时候，在给亲生儿子的衣服里塞满厚厚的棉花，而给闵子骞的衣服，塞进去的只有白色芦苇絮。寒冬腊月，可怜的闵子骞只能穿着芦苇絮做成的单薄衣服，他被冻得脸色发紫、腿脚僵硬。

一天，闵子骞的父亲外出办事，要闵子骞帮他驾车。冰天雪地里，闵子骞驾着马车，双手被冻僵了，嘴唇被冻紫了。一阵寒风吹过，缰绳从

他手中滑落。闵子骞这一失手，使马受到惊吓，

引起马车的大幅度震动。父亲十分生气，便叫闵

子骞停下马车。当父亲想要训斥闵子骞时，却发

现子骞脸色发紫，浑身颤抖。他很奇怪，就拉开

闵子骞的衣襟，这时他才知道闵子骞的棉衣里全

都是一丝丝的芦苇絮，没有一片保暖的棉花。父

亲心疼地抱住闵子骞，流下伤心的眼泪。

回到家里，父亲决定把闵子骞的继母赶出家

门。闵子骞听说后，"扑通"一声跪在了地上，

流着眼泪对父亲说："母亲在的时候，只有我一个

人忍受寒冷；如果母亲不在了，三个孩子都要挨饿

受冻了。"父亲听后，非常感动，便没有赶走他

的继母，但是要求妻子从此以后要善待闵子骞。

闵子骞的继母看到闵子骞为她求情，心里十分感

动。她为自己的自私行为感到惭愧。从那以后，

jì mǔ bǎ mǐn zǐ qiān dàng chéng zì jǐ de qīn shēng hái zi yí yàng téng ài
继母把闵子骞当成自己的亲生孩子一样疼爱，

yì jiā rén cóng cǐ xiāng qīn xiāng ài hé mù xiāng chǔ
一家人从此相亲相爱、和睦相处。

Min Ziqian, a disciple of Confucius and one of the seventy-two men of great virtue, was from the state of Lu in the Late Spring and Autumn Period. He was honest and kind, and was famous for his filial piety. His mother died when he was young. Later his father remarried. At first, his stepmother was kind to him, but after she gave birth to two sons, she began to treat him badly. She always protected her own sons but ordered him to do the dirty and laborious tasks, and even beat or scolded him when the tasks were not done well. But the kind and filial Min Ziqian never complained to his father about the unfairness and coldness received from his stepmother for fear that his father would worry about him. Naturally, his father never knew his suffering.

One winter, the weather was extremely cold. His father asked his wife to make one cotton-padded coat for each child. The selfish stepmother stuffed the coats with thick cotton for her own sons while packed a thin coat with white reeds for Min Ziqian. In the severe winter, the pity boy only wore the thin reed-padded coat. His face turned purple and his feet and legs were stiff in the coldness.

One day, Min Ziqian followed his father to go out. When he

drove the carriage, because of the coldness, his hands were stiff as well as his lips. When a frozen wind blew, reins slipped off his hands and dropped to the ground, which frightened the horse, causing the carriage to shake violently. His father was angry and ordered him to stop. When the father was ready to blame his son, he found his face purple and his body shivering. He checked the coat of his son and found it to be a thin one packed with reeds without any cotton. The father hugged him tightly, shedding tears of sorrow.

After they returned home, Min Ziqian's father decided to expel the stepmother from the house. But Min Ziqian pleaded with tears and went down on his knees："If mother stays at home, only I have to endure coldness. But if you divorce mother, all three kids have to suffer from starvation and coldness." Moved by his words, his father changed his mind but required his wife to be kind to Min Ziqian. The stepmother was also touched by her stepson and felt ashamed of her selfishness. Since then, the stepmother treated Min Ziqian as her own son. The family became one full of love and affection.

生难字/词注解 | Note

惭愧：因某些缺点、错误或未能尽责而感到不安或羞耻。
Ashamed：Anxious or guilty because of flaw, fault or irresponsible behavior.

故事评点 | **Story Comment**

　　闵子骞对继母的刻薄偏私,始终没有怀恨于心。他挽留继母的一番话,凄凉、恳切,发自肺腑,令人感动,展现了其敦厚、善良的优良品德。这个故事告诉我们,要用一颗宽容之心,去善待他人。

　　Min Ziqian never held grudges in mind for his stepmother's selfishness. His sincere words to hold his stepmother back was moving, showing his kindness, honesty and good virtue. This story tells us that we need to treat others with a kind and tolerant heart.

辞官寻母

Zhu Shouchang Resigning to Search for His Mother

sòng shén zōng de shí hou　yǒu yí wèi míng jiào zhū shòu chāng de guān
宋 神 宗 的 时 候，有 一 位 名 叫 朱 寿 昌 的 官

yuán　píng shí gōng zuò rèn zhēn　tā shi　　yǒu yì tiān　zhū shòu chāng tū rán
员，平 时 工 作 认 真、踏 实。有 一 天，朱 寿 昌 突 然

cí qù guān zhí　zhè ràng dà jiā dōu jué de shí fēn qí guài　hòu lái　rén
辞 去 官 职，这 让 大 家 都 觉 得 十 分 奇 怪。后 来，人

men cái zhī dào zhū shòu chāng yào qù xún zhǎo shī sàn duō nián de mǔ qīn
们 才 知 道 朱 寿 昌 要 去 寻 找 失 散 多 年 的 母 亲。

yuán lái　　zhū shòu chāng de mǔ qīn bú shì fù qīn de zhèng fáng fū rén
原 来，朱 寿 昌 的 母 亲 不 是 父 亲 的 正 房 夫 人，

ér shì xiǎo qiè　píng shí zài jiā lǐ méi yǒu dì wèi　zǒng shì shòu qī fu
而 是 小 妾，平 时 在 家 里 没 有 地 位，总 是 受 欺 负。

zài zhū shòu chāng qī suì de shí hou　tā de mǔ qīn wú fǎ rěn shòu jiā lǐ rén
在 朱 寿 昌 七 岁 的 时 候，他 的 母 亲 无 法 忍 受 家 里 人

对她的欺辱和冷落，离家出走了。朱寿昌那时年纪还小，当他看见母亲背着小包袱要离开家的时候，他大声哭喊着，却没有留住母亲。朱寿昌只能眼睁睁地看着母亲远去。小小年纪就经历这种别离的痛苦，使朱寿昌比同龄的小孩更为早熟、沉稳。他时常告诉自己，一定要努力读书，考取功名，将来有一天把母亲找回来，好好地孝顺她。

朱寿昌后来成了一名朝廷官员。可是功成名就的朱寿昌却经常郁郁寡欢，他时刻都挂念自己的母亲，永远忘不了母亲离开家时那悲惨的一幕。对母亲的思念使他时常伤心流泪，他不断派人四处打听母亲的下落，可是都杳无音讯。

后来，朱寿昌听说母亲流落到了陕西一带，

便不顾家人反对，坚决地辞去官职，千里迢迢前

去陕西寻找母亲。功夫不负有心人，他终于找

到了母亲。然而，此时的母亲已经七十多岁了，

成了一个头发花白的老妇人。当朱寿昌看到

母亲时，心情非常激动，他跪在母亲面前，流下

了久别重逢后喜悦的眼泪。母亲赶紧扶起朱寿

昌，两人诉说这几十年的思念之情。当朱寿

昌请求母亲和他一同回家时，母亲告诉他，当年

她离开家后又改嫁了，还生养了几个孩子，这时

候回去可能有很多不便之处。可是，朱寿昌却

说："母亲永远是我的母亲，母亲生养的孩子也

就是我的弟弟妹妹，我会好好地照顾他们的。"于

是，朱寿昌把年迈的母亲和几个同母异父的弟、

妹一同接回了老家，一心一意照顾他们。

朱寿昌的母亲过世以后，他戴孝三年。因为

zhī dào mǔ qīn shēng qián hài pà léi shēng zì cóng mǔ qīn shì shì hòu měi féng
知道母亲生前害怕雷声，自从母亲逝世后，每逢

léi yǔ tiān qì zhū shòu chāng zǒng yào dào fén tóu chēng bǎ sǎn shǒu hù zhe
雷雨天气，朱寿昌总要到坟头撑把伞守护着。

huáng dì zhī dào zhè jiàn shì qing hòu fēi cháng gǎn dòng xià zhào shū lìng tā
皇帝知道这件事情后，非常感动，下诏书令他

dān rèn yuán lái de guān zhí lín xíng qián zhū shòu chāng dào mǔ qīn de fén
担任原来的官职。临行前，朱寿昌到母亲的坟

qián zāi xià le yì kē sōng bǎi yǐ biǎo míng yǒng yuǎn péi bàn mǔ qīn de jué
前，栽下了一棵松柏，以表明永远陪伴母亲的决

xīn jù shuō zài jīn tiān de ān huī tiān cháng shì qín lán zhèn xiàng dōng yì
心。据说，在今天的安徽天长市秦栏镇向东一

gōng lǐ chù yǒu yì kē qiān nián gǔ bǎi jiù shì dà xiào zǐ zhū shòu chāng qīn
公里处，有一棵千年古柏，就是大孝子朱寿昌亲

shǒu zāi zhòng de hòu rén chēng zhī wéi xiào zǐ shù
手栽种的，后人称之为"孝子树"。

In the reign of Emperor Shenzong of Song, there was an official named Zhu Shouchang who was conscientious in his work. One day, he pleaded for resignation of a sudden, which shocked others, because he was going to search for his long-separated mother.

In fact, his mother was a concubine of his father, with no status in the family. She was always bullied by others. When Zhu Shouchang was seven years old, his mother could not stand the bullying and coldness from other family members and left home. Little Zhu Shouchang saw his mother walking away from him in desperation, yelling and crying to beg her to stay. Having suffered from his mother's departure, he became much more mature than his peers. He always told himself to study hard to win fame and official post so as to find his mother and serve her with filial devotion.

Zhu Shouchang became an official afterwards. But he was missing gloomily his mother. He could not forget the day when his mother left him. The strong sentiment of missing always made him cry in sorrow. He kept on searching for his mother, yet without any trace.

He later got to know his mother was in the area around Shaanxi. He then decided to resign and travel there to find his mother regardless of the opposition of his family. The hard work paid off. He finally found his mother who was already an old white-haired woman more than seventy years old. He fell on his knees and shed tears with joy for the reunion with his mother after the long-time separation. His mother hastened to help him stand up, sharing their sentiment of missing for the past decades. When he pleaded with his mother to come back home with him, his mother declined because she had remarried and had several kids. It would be inconvenient for her to come back home with him. But Zhu Shouchang responded: "You are my mother forever. The children of yours are also my younger brothers and sisters, so I will treat them kindly." Then, together with his old mother and his younger half-brothers and half-sisters, Zhu Shouchang returned home. He treated them wholeheartedly.

After the death of his mother, Zhu Shouchang was in

mourning for three years. Knowing his mother was afraid of the thunder, he always held an umbrella to protect her tomb whenever it thundered. The emperor was moved by his filial piety so he gave an imperial edict to reappoint him to his old post. Before departure, he came to his mother's tomb and planted a pine there to accompany his mother forever. It was said that one kilometer off the east of Qinlan Town in Tianchang City of Anhui Province, there stood a thousand-year-old pine which was the one planted by Zhu Shouchang. The tree has been called "the tree of the filial son".

生难字/词注解 | Notes

妾：地位低于正妻的女性配偶，又称姨太太。
Concubine：（In polygamous societies）a woman who lives with a man but has lower status than his wife or wives.

杳无音讯：形容失去联系，没有一点消息。
Disappear without any trace：Lost contact without any news.

故事评点 | Story Comment

朱寿昌放弃一切，不辞辛劳地去寻找母亲，最后终于母子团聚。这个故事展现了中华民族深厚的家庭亲情观念和人们对家庭团圆、幸福的美好期盼。

Giving up all that he had, Zhu Shouchang spared no effort to search for his mother for years. Finally he reunited with his mother. The story shows us the deep Chinese family affection and the wishes for family reunion and happiness.

孔融让梨

Kong Rong Giving away Bigger Pears

　　kǒng róng shì dōng hàn shí qī zhù míng de wén xué jiā　shān dōng qū fù
孔融是东汉时期著名的文学家，山东曲阜

rén　kǒng zǐ de dì èr shí shì sūn　　jù shuō　kǒng róng zì yòu cōng míng hào
人，孔子的第二十世孙。据说，孔融自幼聪明好

xué　bìng qiě hái hěn dǒng lǐ jié　　píng shí de yǐn shí qǐ jū　dài rén jiē wù
学，并且还很懂礼节。平时的饮食起居、待人接物

zūn xún lǐ fǎ　fù mǔ shí fēn téng ài tā　　kǒng róng shēng huó zài yí gè rén
遵循礼法，父母十分疼爱他。孔融生活在一个人

kǒu zhòng duō de dà jiā tíng　tā yǒu wǔ gè gē ge　yí gè dì di　suī rán
口众多的大家庭，他有五个哥哥，一个弟弟。虽然

xiōng dì hěn duō　kě shì dà jiā xiāng chǔ shí fēn róng qià　cóng lái méi yǒu
兄弟很多，可是大家相处十分融洽，从来没有

zhēng zhí dǎ jià de shì qíng fā shēng
争执打架的事情发生。

孔融四岁那年，祖父过六十岁的寿诞。所有的亲朋好友都前来祝寿，家里十分热闹。孔融和几个兄弟也在院子里追逐玩耍，非常开心。临近午时，还需要再等一会儿才能开饭，孔融的母亲担心孩子们饿了，就将桌子上一盘梨端给孔融，嘱咐他要将梨均分给几个哥哥、弟弟。孔融接过盘子，细细地数了一遍，心里估量了大致每个人能够分到的数量。接着，他就按长幼次序把梨分下去。过了一会儿，孔融将梨分完了，每个人都分到一份，大家都很满意。轮到孔融，他不挑好的，也不挑大的，而是拿了一个最小的。

父亲看见孔融这样分梨，很奇怪，就问道："这么多的梨，你为什么把大的给哥哥、弟弟，你自己只拿一个最小的呢？"孔融见父亲询问，就很恭

jìng de huí dá shuō wǒ nián jì xiǎo yīng gāi ná zuì xiǎo de dà de liú
敬地回答说:"我年纪小,应该拿最小的,大的留

gěi gē ge chī fù qīn yòu wèn tā nǐ hái yǒu gè dì di dì di bú shì
给哥哥吃。"父亲又问他:"你还有个弟弟,弟弟不是

bǐ nǐ hái yào xiǎo ma kǒng róng shuō wǒ bǐ dì di dà wǒ shì gē
比你还要小吗?"孔融说:"我比弟弟大,我是哥

ge wǒ yīng gāi bǎ dà de liú gěi dì di chī fù qīn tīng le jīn bú zhù
哥,我应该把大的留给弟弟吃。"父亲听了,禁不住

hā hā dà xiào bù tíng de kuā zàn dào hǎo hái zi rì hòu yí dìng huì
哈哈大笑,不停地夸赞道:"好孩子。日后一定会

hěn yǒu chū xi
很有出息。"

kǒng róng ràng lí de gù shi hěn kuài chuán biàn le quán guó xiǎo kǒng
孔融让梨的故事,很快传遍了全国。小孔

róng yě chéng le xǔ duō fù mǔ jiào yù zǐ nǚ de hǎo bǎng yàng
融也成了许多父母教育子女的好榜样。

Kong Rong, a literatus in the Eastern Han Dynasty, was from
Qufu, Shangdong Province. He was the twentieth descendant of
Confucius. Bright and polite, he knew manners since he was a child
and was deeply loved by his parents. He lived in a big family, with
five older brothers and one younger brother. Though there were
many sons in the family, they lived in harmony without any
quarrels or fights.

When he was four years old, his sixty-year-old grandfather

had a grand birthday party. All the relatives and friends came along for celebration. The house was bustling with excitement. Kong Rong was playing happily with his brothers in the yard. It was near noon before the meal was ready. Fearing the kids would be hungry, his mother served several pears on a plate and asked Kong Rong to distribute them to his brothers. Kong Rong received the plate and counted the pears carefully to estimate how many pears each brother could get. Then he handed the pears to his brothers according to their ages. After a while, the pears were handed out and everyone had got one. All were satisfied. It was the turn for Kong Rong to pick a pear, but he did not pick a good one nor a big one, but the smallest one.

His father felt curious and asked: "There are so many pears here. Why did you give the bigger ones to your brothers while leaving yourself the smallest one?" Kong Rong replied courteously: "I am young, so I should get the smallest one, the bigger ones need to be given to my older brothers." Then his father asked: "What about your younger brother?" He answered: "I am older than him, so I should leave the bigger one to him." Hearing his words, his father laughed and praised him: "Good boy. You will be a good man in the future."

The story of Kong Rong giving away bigger pears to his brothers spread widely in the country. He also became a good example for parents to educate children.

故事评点 | Story Comment

孔融四岁就知晓礼让兄弟，展现了中华民族长幼有序的礼制和谦和好礼的美好品质。这个故事告诉我们要尊老爱幼，不能总是想着自己，应该懂得谦和礼让的礼仪。

Kong Rong knew how to be humble and polite when he was four years old, which shows the Chinese age-ordered ritual and the good manner of humility. The story tells us that we need to respect the old and love the young. We should not think of ourselves only, but learn to be modest and humble.

孔子尊师

Confucius Respecting His Teacher

kǒng zǐ shì chūn qiū shí qī zhù míng de sī xiǎng jiā jiào yù jiā
孔子是春秋时期著名的思想家、教育家。

kǒng zǐ de cái xué hé dé xíng bèi shòu dà jiā de zūn zhòng xiāng chuán kǒng
孔子的才学和德行备受大家的尊重。相传孔

zǐ yǒu dì zǐ sān qiān xián dì zǐ yǒu qī shí èr rén kě wèi táo lǐ mǎn tiān
子有弟子三千,贤弟子有七十二人,可谓桃李满天

xià le kǒng zǐ suī rán guì wéi shī zhǎng dàn tā zì jǐ què duì lǎo shī shí
下了。孔子虽然贵为师长,但他自己却对老师十

fēn zūn jìng
分尊敬。

yí cì kǒng zǐ zài lǔ guó jiǎng xué tā zhī dào zhōu cháo shǒu zàng lì
一次,孔子在鲁国讲学,他知道周朝守藏吏

lǎo zǐ xué shí hěn jīng shēn jiù xiǎng qián qù xiàng tā qǐng jiào kǒng zǐ zài
老子学识很精深,就想前去向他请教。孔子在

征得鲁昭公的同意后，与学生南宫敬叔一起出

发了。到达都城后，孔子还没来得及休息就直接

步行去拜望老子。当时的孔子已经很有名望

了，所以，当老子听说孔子前来求教的时候，就赶

忙整理衣冠出门迎接。孔子刚到门口，就看见

大门里走出来一位头发花白的老者，孔子料想这

就是老子，便恭恭敬敬地向老子行了弟子礼。

进入大厅后，孔子鞠躬后才坐下来。接着，老子问

孔子有什么事情。孔子恭敬地起身离座，回答

道："我学识浅薄，对古代的'礼制'一无所知，特地

向老师请教。"老子见孔子这样诚恳，便详细

地陈述了自己的见解。之后，老子还带领孔子去

观看宗庙祭祀等仪典。老子渊博的学识和随和

的性情，使孔子大为赞赏。

在城里住了几天后，孔子向老子告别。老子

一直相送至馆舍之外。临走时，老子对孔子说：

"我听说，富贵的人送别人财物，仁义的人送别人

好言好语。我既不富裕也不显贵，没有钱财可以

赠送。我就送你几句话吧。当今世上，聪明而

深察者，之所以遭遇困难甚至被逼死，就因为他喜

好谈论讽刺别人的过失；善辩而通达者，之所以

会招来祸患而连累到自己，就在于他喜欢播扬别

人的恶名。作为父亲的儿子，不要以为自己了不

起；作为皇上的臣民，不要以为自己高高在上，

希望你能够牢记啊。"孔子听了，十分感动，说：

"老师的话语，是发自您肺腑，学生一定谨记在

心，终生不忘！"说完，孔子告别了老子，与南

宫敬叔上了车，返回鲁国去了。

回到家后，孔子的学生们请求他讲讲老子

的学问。孔子对学生们说："老子博古通今，知

xiǎo lǐ yuè de lái lóng qù mài　què shí shì wǒ de hǎo lǎo shī a　　jiē zhe
晓礼乐的来龙去脉，确实是我的好老师啊！"接着，

kǒng zǐ yòng bǐ yù lái zàn yáng lǎo zǐ　　niǎo r　　wǒ zhī dào tā néng fēi
孔子用比喻来赞扬老子："鸟儿，我知道它能飞；

yú r　　wǒ zhī dào tā néng yóu　yě shòu　wǒ zhī dào tā néng pǎo　shàn pǎo
鱼儿，我知道它能游；野兽，我知道它能跑。善跑

de yě shòu wǒ kě yǐ jié wǎng lái dǎi zhù tā　huì yóu de yú r　　wǒ kě yǐ
的野兽我可以结网来逮住它，会游的鱼儿我可以

yòng tiě sī lái diào dào tā　gāo fēi de niǎo r　　wǒ kě yǐ yòng jiàn bǎ tā shè
用铁丝来钓到它，高飞的鸟儿我可以用箭把它射

xià lái　　zhì yú lóng　wǒ què bù zhī dào tā shì rú hé chéng fēng yún ér
下来。至于龙，我却不知道它是如何乘风云而

shàng tiān de　　lǎo zǐ　jiù xiàng lóng yí yàng gāo shēn mò cè ya
上天的。老子，就像龙一样高深莫测呀！"

Confucius, a famous thinker and educator in the Spring and Autumn Period, whose talents and manners were respected and admired by others. It was said he had three thousand disciples and among them seventy-two were especially able and virtuous. Though he was a respectable teacher, he still respected his own teacher greatly.

Once he gave lectures in the state of Lu and learnt that Laozi (the officer in charge of historical records and books in the Zhou Dynasty) was an intelligent and knowledgeable person. After receiving the approval of Duke Zhao of Lu, he started out with one of his disciples named Nangong Jingshu to call on Laozi directly without any stop or rest after they arrived in the capital. At that time, Confucius was already famous and prestigious, so Laozi readjusted his dressing and hurried out to welcome them. As soon as Confucius reached the gate, he saw an old white-haired man walking out of the gate and guessed he might be Laozi, then he gave a salute as a disciple respectfully. After they entered the hall of the house, Confucius gave another salute to Laozi as a disciple again before he took a seat. When Laozi asked what he wanted to consult, Confucius stood up with great respect and replied: " I know very little about the ancient set of etiquette, so I come here to consult you." Because of Confucius' piety, Laozi stated his opinion in detail. Afterwards, he led Confucius to watch the ceremonies and rites held in the ancestral temple. His great learning and easygoing temperament were admired and appreciated by Confucius.

After staying in the city for several days, Confucius parted company with Laozi who saw him off till to his lodging. Just as he left, Laozi said to him: "I heard rich people give others property, kindhearted and benevolent people give others good words. I am not rich nor eminent, without any money to give out. I will give you just some words. In the world, the reason for some bright and insightful people to suffer from adversity or to be hounded to death is that they like to comment on others or satirize others' fault; the cause for some eloquent and prudent people to provoke calamity and to be involved in trouble is that they like to spread others' bad reputation. As the son of father, one should not sing one's own praises; as subject of emperor, one should not regard himself as superior. Hope you can remember what I said." Moved by the words, Confucius said : "Your words were from the depth of your heart, I will remember them forever." Then he departed for Lu with Nangong Jingshu on a carriage.

When Confucius returned home, his disciples asked how Laozi solved his puzzle. Confucius said : "Laozi is erudite and informed. He is the master of etiquette, knowing its cause and effect. He is truly a good teacher!" Then Confucius used a metaphor to praise Laozi : "I know birds can fly, fish can swim, and beasts can run. As to those running beasts, I can troll them with a net, to those swimming fish I can catch them with an iron wire, to those flying birds I can shoot them down with an arrow. But as to the dragon, I don't know how it soars to the sky. Laozi is like the dragon that is too profound to be understood."

生难字/词注解 | Notes

孔子：春秋时期伟大的思想家、政治家、教育家。 有语录体作品《论语》传于后世，孔子创立的儒家学说影响深远。

Confucius：The great ideologist, statesman, and educator in the Spring and Autumn Period. The work of his quotations— *The Analects of Confucius* is a great book given to the world. The Confucianism set up by him bears a great impact.

守藏吏：管理藏书的官员。

Shouzang li：An officer who is in charge of keeping the historical records and books.

老子： 古代伟大的哲学家和思想家，道家学派的创始人。

Laozi: The great ideologist and philosopher in ancient China, the founder of Taoism.

鲁昭公： 春秋时期鲁国的君主。

Duke Zhao of Lu: The ruler of Lu in the Spring and Autumn Period.

故事评点 | Story Comment

孔子是我国古代著名的教育家、思想家。他学识渊博，才识过人，但依然谦卑、诚恳地向老子求学问道，展现了他作为圣人的人格魅力。这个故事告诉我们，要继承和发扬尊师重道的优良传统，不管是身居高位，还是一介平民，都要尊重师长，敬慕知识，追求真理。

Confucius was a famous educator and thinker in ancient China. He is knowledgeable and talented, yet still humble and sincere to ask Laozi for help to solve his puzzle, showing his charming personality as a saint. The story tells us we need to inherit and develop the tradition of honoring and respecting teachers. No matter how high your rank is, you need to respect your teachers, worship knowledge and pursue truth.

程门立雪

Standing in the Snow to Wait for Master Cheng Respectfully

杨时是宋代著名的理学家，东南学者推举杨时为"程学正宗"。据说，杨时在很小的时候，就有才名。他四岁开始上学，七岁的时候能写诗，八岁就能作赋，当时很多人称他为"神童"。

杨时29岁那年已经进士及第，并在朝廷做官。然而，杨时为了继续丰富自己的学问，放弃高官厚禄，独自一人前往河南颍昌，投拜到当时著名学者程颢门下，专门研习理学。他学习成绩优异，与游酢、吕大临、谢良佐并称为"程门四大弟子"。后来程颢不幸逝世，那时的杨时也有四十多岁了，在理学方面已经有相当深的造诣。但是，他仍然勤奋好学，不怕劳苦，赶赴洛阳拜程颢的弟弟程颐为师。杨时不仅学习勤勉，而且非常尊敬老师。

一次，杨时与他的同学游酢一起去老师家请教问题。那天，正巧赶上下大雪，满天乌云，天寒地冻。一路上，雨雪刮着他们的脸，冷飕飕的寒风直灌进他们的领口。他们把衣服裹得紧紧的，匆匆赶路。当他们走到老师家门口时，才知道老师正在睡午觉。他俩为了不打扰老师休息，便恭恭敬敬地站立在门外等候。等了大半天，杨时的双脚都冻僵了，冷得浑身发抖，但他依然恭敬侍立，没有一丝疲倦和不耐烦的神情。

程颐一觉醒来，从窗口发现侍立在风雪中的杨时和游酢，只见他俩通身披雪，脚下的积雪已一尺多厚了。程颐赶忙起身迎接他俩进屋，问道："你俩什么时候来的？怎么不叫醒我呢？"杨时恭敬地回答道："我知道老师在休息，不敢惊扰。"程颐听了，为他们诚心求学的精神所感动，他非常耐心细致地回答了他们的问题。

自那以后，程颐更加用心地向他俩传授学问，悉心教导。杨时和游酢不负所望，终于学得程门理学的真谛，成了著名的理学大师。

Yang Shi, a well-known Neo-Confucianist in the Song Dynasty, was recognized by the Southeast Scholars as scholar of "The Authentic Cheng School". He was said to be talented since he was a little child because he went to school at four, wrote poems at seven, and a year later, he could write poetic essay. Therefore, he was called "child prodigy" by many people at that time.

At the age of twenty-nine, he was the top three in the Imperial Examination and became an official in the imperial court. However, he resigned the post and went to Yingchang in Henan Province, as a disciple of the famous scholar, Cheng Hao, for further study. Because of his excellent performance, he became one of the "Four Disciples of Cheng School" together with You Zuo, Lü Dalin and Xie Liangzuo. Later, Cheng Hao passed away when Yang Shi was over forty. At that time, Yang Shi had gained great academic attainments on Neo-Confucianism. But the studious Yang Shi still came to Luoyang regardless of trouble and toil to plead with Cheng Yi, the younger brother of Cheng Hao, to be his teacher. Yang Shi not only studied hard but also respected his teacher.

Once, Yang Shi visited his teacher with his schoolmate for consultation. It snowed heavily on that day with dark clouds over the sky. The temperature was extremely low. They held their coats tightly to hurry to their teacher's house no matter how fiercely the rain and snow shaved their faces and how cold the wind ran into their collars. When they reached the gate of the house, their teacher was taking the afternoon nap. In order not to interrupt the teacher, they stood outside of the gate respectfully and piously. They waited for such a long time that Yang Shi's feet were frozen, his body was shaking, but he still stood there respectfully, without any tiredness or impatience. When Cheng Yi woke up, he found Yang Shi and You Zuo standing outside in the heavy snow, covered with snow more than one foot thick. Cheng Yi hurried to welcome them into the house. He asked: "When did you come here? Why didn't you wake me up?" Yang Shi replied humbly: "I know your are in sleep, so I didn't dare to disturb you." Moved by his words, Cheng Yi answered their questions carefully and meticulously.

Since then, Cheng Yi imparted knowledge to them with much more attention and instructed them with the utmost care. Living up to people's expectations, Yang Shi and You Zuo finally gained the true essence of the Cheng School of Neo-Confucianism and became well-known Neo-Confucianists.

生难字/词注解 | Notes

程颢：北宋理学的奠基者。
Cheng Hao: The founder of the Neo-Confucianism in the Northern Song Dynasty.

程颐：为程颢之胞弟，两人同是北宋时期著名的理学家，世称"二程"。
Cheng Yi: Cheng Hao's younger brother. They were both famous Neo-Confucianists in the Northern Song Dynasty, honored as "the Cheng brothers".

故事评点 | Story Comment

"程门立雪"的故事在宋代时就已经广为流传。它讲述杨时和游酢尊师重道、勤奋好学的故事,后来用来指尊敬老师,诚恳求教。这个故事告诉我们,不仅要虚心向学,更要尊重自己的老师,这是中华民族的传统美德。

The story of "Standing in the Snow to Wait for Master Cheng Respectfully" had already become a widespread one in the Song Dynasty. It tells the story of Yang Shi who respected the teachers and studied diligently. Later this story is used to describe the spirit of respecting teachers and seeking instructions piously. The story tells us that we should not only seek knowledge modestly, but also respect and honor our teachers, which is a traditional Chinese virtue.

格言精粹 | Quotations

1. 上善若水，厚德载物。——老子

   The highest good is like water, great virtue carries all things. —Laozi

2. 不学礼，无以立。——孔子

   No etiquette, no independence. —Confucius

3. 人之有礼，犹鱼之有水也。——葛洪

   Polite is to man what water is to fish. —Ge Hong

4. 夫君子之行，静以修身，俭以养德，非淡泊无以明志，非宁静无以致远。——诸葛亮

   As to virtuous men, quietude promotes learning, frugality cultivates virtue. One can't show high ideals without simple living; one can't have lofty aspirations without a peaceful state of mind. —Zhuge Liang

5. 羊有跪乳之恩，鸦有反哺之义。——《增广贤文》

   The sheep has the feeling of filial piety, the crow has the sense of regurgitating to parents. —Zeng Guang Xian Wen

6. 衣食以厚民生，礼义以养其心。——许衡

   Food and clothing improve people's livelihood, while ritual nurtures their hearts. —Xu Heng

7. 谁言寸草心，报得三春晖。——孟郊

   Who says that the heart of an inch-long plant can requite the radiance of full spring? —Meng Jiao

8. 尧舜之道，孝悌而已。——李纲

   The doctrine of Yao and Shun is filial piety. —Li Gang

9. 十月胎恩重，三生报答轻。——《劝孝歌》

Mother's loving-kindness of ten months' pregnancy can never be repaid by children. —Quan Xiao Song

10. 诗书立业，孝悌做人。——王永彬

Poetry and literature help you to start your career while filial piety and fraternal duty help you to be a good man. —Wang Yongbin

中　国　经　典　美　德　故　事

第三辑　诚实守信

Part 3　Honesty and Trustworthiness

尾生誓死守约

Wei Sheng Pledging to Keep His Promise

春秋时期，有个叫尾生的年轻人，他忠诚老实，与人交往很守信用。尾生有一个恋人，两人感情非常深厚。这个姑娘美丽贤淑，尾生很爱她。尾生和这个姑娘经常私下里约会，聊家常，聊人生，也谈论看过的书籍。两人见面聊起来时常会忘记时间，忘了周围的一切，一心只沉浸在心上人暖融融的情意中。

一天，尾生和这个姑娘约定好在城外河滩

的桥墩下见面。尾生特别高兴，因为他打算向

恋人求婚了。那天，尾生早早地来到桥墩下面，

可是爱人还没有来。每次约会，基本上是尾生先

到，姑娘也会及时地赴约，从来没有失约过。所

以，尾生没有想太多。他只一心一意地等待着爱

人赴约。由于心情太激动了，尾生一会儿坐在突

起的石头上，一会儿站起来向爱人过来的路口

眺望，一会儿在那里走来走去。可是，等啊等，

等了很久，仍然没有看见姑娘到来。尾生心

想："她今天肯定是事情太多，耽搁了吧！我要耐

心一点儿，她从家里出来一趟也不容易呀！"于

是，尾生开始安静下来，他站在桥下，向姑娘的

住处方向望着，渴望等姑娘出现时，就能看见

她曼妙的身姿、动人的笑脸，听到她甜美的

问候。

时间过得很快，不知不觉一天就要过去了。临近傍晚，突然刮起大风，下起了暴雨。尾生站在桥下面，全身都湿透了，头发、衣服上不停地滴着水。尾生心里很难过也很担心，他担心爱人是不是挨父母的骂了，或者不小心生病了，以至于耽搁到现在还没有来赴约。尾生心想："她不来肯定是有原因的，我要相信她。"雨越下越大，河水顿时涨高了许多，慢慢地淹没了尾生的双脚、膝盖，直至没过了他的腹部。可是，尾生还是不愿离开，他觉得现在离开的话，爱人如果来了会找不到他。于是，尾生站在那里，坚如磐石。暴涨的河水很快淹没了尾生的胸部、颈项，在河水漫过他头顶的最后一刻，他的一双眼睛，仍然在热切地向桥头张望。即使是在他生命的最后一刻，他心里想的竟然是："我爱你，不管你来

huò shì bù lái　wǒ shǐ zhōng zhàn zài zhè lǐ　bù lí bú qì　bù yí huìr
或 是 不 来 ， 我 始 终 站 在 这 里 ， 不 离 不 弃 。" 不 一 会

wěi shēng jiù bèi lěng mò wú qíng de hé shuǐ yān mò le　tā dài zhe mǎn
儿 ， 尾 生 就 被 冷 漠 无 情 的 河 水 淹 没 了 。 他 带 着 满

xīn de qī dài hé yí hàn xiāo shī zài máng máng de hé shuǐ zhōng
心 的 期 待 和 遗 憾 消 失 在 茫 茫 的 河 水 中 。

In the Spring and Autumn Period, there was an honest, frank young man named Wei Sheng who always kept promises in his life. He had a lover who loved him affectionately, in return, Wei Sheng loved this beautiful and virtuous lady greatly. He often dated her secretly, talking about domestic trivialities, life, and books. They talked so heartily that sometimes they forgot the time and the things surrounding them. They completely immersed themselves in the warm affection of each other.

One day, Wei Sheng made an appointment with the lady to meet under the bridge pier on the beach land outside the city. He was excited because he planned to propose to the lady. On that day, he came to the meeting place early, but his lover had not arrived there. Mostly Wei Sheng would be the first one to come to the meeting place while the lady would come later but she had never broken a promise. He waited there wholeheartedly, hoping his lover would appear soon. He sat on a humped stone for a while, then stood up to look out in the direction of the intersection where his lover would appear, and walked back and forth once in a while. But as time passed by, the lady still did not appear. Wei Sheng thought: "She must be troubled by things, so she cannot come on time. I should be patient to wait as it is not easy for her to come here." Then he calmed down and stood under the bridge to look out towards the lady's house, hoping to see the lithe and graceful figure of his lover and hear her sweet and tender greeting.

Time passed by quickly, it was towards evening. Fierce wind began to blow and heavy rain started to fall. Wei Sheng stood under the bridge, wet from top to toe. The water was dripping down from his hair and clothes. He felt sad, depressed and worried: whether his lover had been scolded by her parents or was ill so that she could not come? She must have her reasons for not coming here. But the rain became fiercer while the river rose quickly, covering his feet, knees, and even climbing to his belly. Wei Sheng still stood there for fear that his lover may not be able to find him. He stood there like a massive rock. Roaring river water submerged his chest, neck and eventually his head. At the last moment, he still gazed towards the bridge. Even at the last moment of his life, he thought: "I love you, no matter you come or not, I am still here waiting for you. Never leave, never abandon." Later, he was drowned by the heartless river. He disappeared with full expectation and great pity in the deep river water.

故事评点 | Story Comment

尾生是一个信守承诺、相信爱情的人,他宁愿被水淹死也不愿意违背约定,谱写了一曲惊心动魄的爱情颂歌。这个故事告诉我们爱情是人世间最美好动人的情感。信守爱情的人,就拥有坚不可摧的力量和卓尔不群的勇气。

Wei Sheng is a man who kept promises and had faith in love. He chose to be drowned to die rather than breaking his promise. His deed leaves us a moving love story. This story tells us love is the most touching feeling and affection in the world. Those who faithfully believe in love must have impregnable strength and extraordinary courage.

季布一诺千金

Ji Bu Being True to His Words

qín cháo mò nián　　zài chǔ dì yǒu yí gè míng jiào jì bù de rén　　tā
秦朝末年，在楚地有一个名叫季布的人，他

xìng qíng gěng zhí　fēi cháng jiǎng xìn yì　　zhī yào shì tā dā ying guò de shì
性情耿直，非常讲信义。只要是他答应过的事，

wú lùn yǒu duō dà kùn nan　tā yí dìng yào xiǎng fāng shè fǎ bàn dào　　suǒ
无论有多大困难，他一定要想方设法办到。所

yǐ　jì bù zài dāng dì de míng shēng hěn hǎo
以，季布在当地的名声很好。

yí cì　jì bù qù fǎng wèn gè gè zhū hóu guó　tā jīng guò xú guó shí
一次，季布去访问各个诸侯国，他经过徐国时

拜见了徐君。刚一见面的时候，徐君就对季布随

身佩戴的宝剑很感兴趣，但碍于面子，不好意思

向季布索取。徐君的心思被季布知晓后，季布想

把宝剑赠予徐君。可是，由于访问各国需要佩带

剑等饰物，季布打算回徐国时再把剑赠送给

徐君。

意想不到的是，当季布周游列国回来时，徐

君突然生了一场严重的病，不幸过世了。季布

非常伤心，他亲自到徐君的坟墓前，解下宝剑，

系在墓旁的树枝上。在场的侍卫对季布的行为

很不理解，就问道："徐君已经死了，您还把剑挂在

这里干什么呢？"季布回答说："你不能这样说

呀，刚和徐君见面的时候我就决定要把这把剑赠

送给他了，我现在怎么能因为他死了就违背自己

的心愿呢？"侍卫听说后，对季布守信用的行为很

是感动。

后来，季布重诺许剑的事情便传开了。当时流传着这样的谚语："得黄金千斤，不如得季布一诺。"由此可以看出季布拥有很好的名声。

而季布的诚信可靠，也使他结交了很多好朋友。有次，他得罪了汉高祖刘邦，刘邦下令重金捉拿季布，只要是供认或举报季布的人，都能获得丰厚的赏赐。季布躲藏在他的朋友家里，朋友不仅不被重金所诱惑，而且还冒着灭九族的危险来保护他，使他免遭祸殃。不仅如此，他的朋友还专程找人向刘邦说情，请求刘邦谅解并赦免季布。经过很多人的劝说后，刘邦不仅赦免了季布，还封季布做了大官。

At the end of Qin Dynasty, in the state of Chu there was an upright and faithful man named Ji Bu. Once he promised, no matter how hard it was, he would manage to do it. So he gained a good reputation in the local area.

Once when Ji Bu travelled through all the vassal states, he paid a visit to the ruler of Xu. The ruler became interested in Ji Bu's sword, but felt it would be embarrassing to ask for the sword. Later Ji Bu got to know the ruler's thought and wanted to give him the sword. But it was a necessary ornament for visiting each state, so Ji Bu planned to give it to the ruler when he returned to Xu.

Unexpectedly, after Ji Bu travelled around the states, the ruler of Xu died of a serious illness all of a sudden. Ji Bu was grieved and came to the tomb of the ruler. He untied the sword and tied it on one branch near the tomb. All the imperial guards on the spot felt puzzled and asked: "The ruler had already died, why did you still tie the sword here?" Ji Bu answered: "I had decided to give the sword to the ruler when we first met each other, how can I be against my wish just because he had died?" All the guards were moved by his trustworthiness.

Later, his deed spread around. A saying became popular at that time: "Getting a great amount of gold cannot be compared with getting one promise of Ji Bu", showing his good reputation. His dependable and reliable character helped him make many good friends. Once he displeased the founder of Han Dynasty, Liu Bang, who ordered to arrest him. Liu Bang promised that anyone who could give clue or trace of Ji Bu could get a big reward. Ji Bu hid in the house of his friend who not only was never tempted by the reward, but also risked the danger of exterminating the whole clan to protect him from calamity. Moreover, his friend asked others to plead for remission from Liu Bang. Finally, Ji Bu was pardoned and granted with a high official post by Liu Bang.

生难字/词注解 | Notes

信义：诚信和道义。
Faith：Integrity and morality.

九族：泛指亲属。 在封建社会里，一人犯罪，诛连九族。
The whole clan：All the lineal relatives in a clan. In feudal times，if a man committed crime，the whole clan would be killed.

祸殃：指祸害、灾祸。
Calamity：Disaster or great damage to people's lives，property，etc.

故事评点 | Story Comment

"一诺千金"是指向他人许下的诺言有千金的价值。后来用来形容一个人诚信可靠，说话有信誉。这个故事告诉我们为人处世要诚实，要说到做到，才能获得大家的尊重和友谊。

"Being true to one's words" means a promise is worthy of a large amount of gold. Later it is used to describe the person who is reliable and trustworthy. The story tells us that we need to be honest and follow our words so that we can gain others' respect and friendship.

诚实的晏殊

Honest Yan Shu

běi sòng zhēn zōng nián jiān　　yǒu gè cí rén míng jiào yàn shū　　tā wéi rén
北宋真宗年间,有个词人名叫晏殊。他为人

zhōng hòu　　chéng shí shǒu xìn　　yòu yǒu cái huá　　yīn ér hěn yǒu míng wàng
忠厚,诚实守信,又有才华,因而很有名望。

chuán shuō yàn shū zài qī suì de shí hou　　wén zhāng jiù xiě de hěn hǎo　　shòu dào
传说晏殊在七岁的时候,文章就写得很好,受到

hěn duō rén de zàn shǎng　　shí sì suì de shí hou　　yǒu dà chén bǎ tā zuò wéi
很多人的赞赏。十四岁的时候,有大臣把他作为

shén tóng jǔ jiàn gěi huáng dì　　huáng dì bú tài xiāng xìn yàn shū xiǎo xiǎo nián
神童举荐给皇帝。皇帝不太相信晏殊小小年

jì jìng yǒu nà me hǎo de cái xué　　yú shì　　huáng dì zhào jiàn le yàn shū
纪竟有那么好的才学,于是,皇帝召见了晏殊。

huáng dì kàn dào yàn shū lái bài jiàn le　　jiù xiǎng kǎo kǎo yàn shū　　tā wèn le
皇帝看到晏殊来拜见了,就想考考晏殊。他问了

hǎo jǐ gè wèn tí　　méi yǒu xiǎng dào yàn shū duì dá rú liú　　háo bù hán hu
好几个问题,没有想到晏殊对答如流,毫不含糊。

皇帝很满意，又安排晏殊与一千多名学生同时参加考试。在考试的时候，晏殊发现考试的题目是自己十几天前刚练习过的，就如实向主考官报告，他说："大人，这个题目我曾经练习过，请另外出一个题目让我答吧！"主考官说："做过的题目也不要紧，你写出来，如果做得好，也可录取。并且，如果另外换个题目，万一做不好，就要落榜了，你要认真考虑呀！"晏殊却坚持请求更换题目。他说："不换题目，即使考中了，也不是我的真才实学；换了题目做不好，说明我学问还不够，我不会有一句怨言的！"皇帝听说这件事后，对晏殊的做法十分赞赏。他认为晏殊诚实守信，就赐予他"同进士出身"的荣誉。

后来，晏殊在京城做了官。他当官的时候，正值和平年代，没有战乱。京城里很多官员经常饮酒作乐。晏殊家境并不富裕，他生活节俭，不喜欢热闹。他每天都在家里读书，写文章。

一天，皇帝提拔晏殊为辅助皇太子读书的官员，大臣们很惊讶。皇帝说："大臣们都爱玩乐，只有晏殊守着本分，全心全意地在家里读书。这么厚道、稳重的人，正是适合辅佐太子的人选。"晏殊十分感激皇帝的信任，坦诚地说："其实我也是个爱玩乐的人，不去玩乐只是因为家里没钱罢了。"皇帝听说后更加信任他，认为晏殊明事理，识大体，对他愈加宠信。宋仁宗继承王位后，晏殊受到提拔，官至宰相，成为一人之下、万人之上的朝廷重臣。

In the reign of Emperor Zhenzong in the Northern Song Dynasty, there was a poet named Yan Shu who was well known for his honesty, trustworthiness and talent. He was said to be able to write good articles and was appreciated by many people at the age of seven. When he was fourteen, a minister recommended him to the emperor as child prodigy. The emperor did not believe a little child at that age could be talented and learned to such a degree, then he called him in and decided to test him. Out of the emperor's expectation, Yan Shu answered his questions fluently. The emperor felt satisfied and arranged Yan Shu to attend a test with more than a thousand examinees. During the examination, Yan Shu found the examination question was the same one he practiced a few days ago, so he reported it to the chief examiner: "Dear sir, I have met this question before, please give me another one for test." The chief examiner answered: "It doesn't matter. You can also be recruited if you can answer it well. If the question is replaced, once you do not do a good job, you would fail. You had better consider seriously." Yan Shu insisted on another test question and said: "If the question is not replaced, it cannot show my skills, once I pass the examination; but if the question is replaced and I do not do a good job, I would never regret, for it only shows I am not learned enough." Upon learning his story, the emperor appreciated him as being a trustworthy man, granting him the honor of "a successful candidate in the highest imperial examination."

Later, Yan Shu went to the imperial court to be an official. At that time, the state was in a peaceful time without war disturbance. Many officials in the imperial city were addicted in entertainment, while Yan Shu, from a poor family, behaved in a frugal way, favored a tranquil life and always stayed at home to read and write articles. One day, Yan Shu was promoted to assist the crown prince in study by the emperor, which surprised other ministers. But the emperor explained: "All the ministers are fun-loving men, only Yan Shu can keep a calm heart to stay at home to read and learn wholeheartedly. Such an honest and prudent man is the best one to assist the crown prince." Yan Shu was moved by the emperor's appreciation and said frankly: "In fact, I also like to have fun, but because of my poor family, I cannot play for fun." Hearing his words, the emperor trusted him more, regarding him as a reasonable man with cardinal principles in mind. After Emperor Renzong of Song succeeded to the throne, Yan Shu was promoted to be the prime minister, an important official in the imperial court with no one above him but the emperor.

生难字/词注解 | Notes

对答如流：回答问话像流水一样快。形容口才好，反应快。

Answer fluently: Answer questions without any hitch; reply in a stream of eloquence.

提拔：提升某人的职位。

Promote: Raise someone to a higher position or rank.

辅助：帮助，协助。

Assist: Support and help.

故事评点 | **Story Comment**

晏殊的故事,不仅展现了晏殊的真才实学,而且,他诚实、敦厚的优秀品质,使他受到他人的尊重和赏识。这种诚实的品质值得我们每一个人学习!

The story of Yan Shu shows not only his genuine learning but also his noble character of being honest and sincere, which rewarded him with others' respect and appreciation. This honest character is worthy of learning for us.

晋文公守信得原、卫

Duke Wen of Jin Winning Yuan and Wei for His Honesty

chūn qiū shí qī   jìn guó de guó jūn jìn wén gōng shí fēn jiǎng qiú chéng
春秋时期，晋国的国君晋文公十分讲求诚

xìn   zhǐ yào shì tā dā ying guò de shì qing   tā dōu huì jìn quán lì qù zuò dào
信，只要是他答应过的事情，他都会尽全力去做到。

yīn ér   tā zài guó rén miàn qián shù lì le chóng gāo de wēi wàng   tā suǒ zhì lǐ
因而，他在国人面前树立了崇高的威望，他所治理

de guó jiā guó fù mín qiáng lǎo bǎi xìng guò zhe xìng fú ān lè de shēng huó
的国家国富民强，老百姓过着幸福安乐的生活。

yí cì   jìn wén gōng lǐng bīng qù gōng dǎ yí gè míng jiào yuán guó de
一次，晋文公领兵去攻打一个名叫原国的

小诸侯国。他和大臣们约定，以十天作为期限攻

破原国。因此，他随军只携带了可以供十天食用

的粮食。经过一路的长途跋涉，他们终于抵达

了原国边境。晋军首先向原军发起进攻，无奈

原国军队占据地理优势，晋国兵士虽然拼尽全

力，仍然没有取胜。正当战事进入难分难解的

状态时，十天的期限却到了，晋文公没有攻下

原国。于是，晋文公传下命令敲响锣鼓，准备

收兵返回晋国。这时，有将领回来报告说："陛

下，能否再等等呀，只需要三天就可以攻下原国

了。"晋文公身边的大臣也劝说："原国的粮食

已经吃完了，兵力也用尽了，这是攻下原国千载

难逢的好机会，眼看就要取得胜利了。请陛下再

等待一些时日吧！"晋文公却坚定地回答说："我

原先和大臣约定十天为期限，若不回去，是失去

我的信用啊！为了得到原国而失去信用，我办不

到。"于是他下令撤兵回晋国。

原国的百姓听说这件事之后，都说："有像那

样守信用的国君，还有谁能够不归顺于他呢？"就

这样，原国的百姓纷纷归顺了晋国。与原国相邻

的一个小诸侯国叫卫国，卫国百姓也听到晋文公守

信用这个事，就纷纷传颂说："有像那样守信用

的国君，还有谁能够不顺从他呢？"于是卫国人也来

归顺晋文公。就这样，晋文公因为自己的信用得

到了原、卫两个诸侯国百姓的支持。

孔子听说了，就把这件事记载下来，并且评价

说："晋文公攻打原国竟然意外获取了卫国，是因

为他能守信啊！"

In the Spring and Autumn Period, Duke Wen of Jin was a trustworthy ruler who always kept his promises and tried his best to achieve them. Therefore, he had a good reputation in the state. In his reign, the state grew into a strong and prosperous one in which people led a happy and peaceful life.

Once, Duke Wen of Jin led his army to attack a small feudatory nation called Yuan. He promised his ministers that he would break through Yuan's defense lines within ten days. Then, he only took ten days'food along with his army. After the long-time travelling, the army finally arrived in the frontier of Yuan. The Jin Army led off an attack, but the Yuan Army took the geographical advantage, which made it difficult for the Jin Army to be victorious though they tried their best. When the promised deadline came, the two parties were inextricably involved in the war. Duke Wen of Jin hadn't taken Yuan. Then, he ordered to bang their drums to return to Jin. A general from the battlefield reported: "Your Majesty, we only need another three more days to take Yuan, can we wait for three more days?" Other ministers suggested him too: "The food storage in Yuan has already run out. They all feel exhausted. It is a rare opportunity to take Yuan. Can we wait for several days?" But he said firmly: "I promised the ministers that the war should be finished within ten days. If we don't go back, I will lose my credit. I can never lose my trustworthiness in exchange for taking Yuan." Then he ordered his army to return to Jin.

After the people in the state of Yuan heard the whole story, they all said: "How can't one pay allegiance to such a trustworthy ruler?" Then, they surrendered themselves to Jin one after another, while the people in the nearby feudatory nation called Wei heard the story, they all eulogized the Duke Wen of Jin: "As to such a trustworthy ruler, how can't one pledge allegiance to him?" Then they all surrendered to him. In such a way, the Duke Wen of Jin won the support from the people of Yuan and Wei because of his honesty.

When Confucius heard the story, he recorded it and commented: "In the attack of Yuan, Duke Wen of Jin took Wei unexpectedly for his honest and trustworthy character."

生难字/词注解 | Note

诸侯国： 臣属的国家。

Feudatory nation： A state ruled by a duke or prince under an emperor.

故事评点 | Story Comment

晋文公因为诚信，使天下人信服，归顺。这个故事告诉我们，信守诺言是事业成功的基石，为人只有忠厚守信，才能赢得别人的信任和支持。

Duke Wen of Jin won the heart and support of people because of his honest and trustworthy character. The story tells us that keeping one's promise is the basis of one's career. Being an honest and trustworthy person can help one win the trust and support of others.

曾子杀猪

Zengzi Killing the Pig

zēng zǐ shì chūn qiū shí qī de lǔ guó rén　shì kǒng zǐ de xué shēng
曾子是春秋时期的鲁国人，是孔子的学生，

wéi rén qiān gōng yǒu lǐ　hěn jiǎng xìn yòng　cóng bù shuō huǎng huà qī piàn bié
为人谦恭有礼，很讲信用，从不说谎话欺骗别

rén　jí shǐ duì hái zi　yě yí yàng néng gòu zuò dào zhēn chéng shǒu xìn
人，即使对孩子，也一样能够做到真诚守信。

yì tiān　zēng zǐ de qī zi yào qù jí shì shang mǎi dōng xi　tā de
一天，曾子的妻子要去集市上买东西，她的

hái zi kū nào zhe bù kěn ràng tā qù　tā méi yǒu bàn fǎ　zhǐ hǎo hǒng piàn
孩子哭闹着不肯让她去。她没有办法，只好哄骗

hái zi shuō　guāi hái zi　nǐ zài jiā lǐ děng zhe　mā ma huí lái gěi nǐ
孩子说："乖孩子，你在家里等着，妈妈回来给你

shā zhū dùn ròu chī　hǎo bu hǎo ya　hái zi tīng shuō hòu shí fēn jīng xǐ
杀猪炖肉吃。好不好呀？"孩子听说后十分惊喜，

因为猪肉很贵重，一般要逢年过节时才能够吃得
上。于是，当他听妈妈这样说后，就真的不哭闹
了，他乖乖地在家里等着妈妈回来。

没有过多长时间，曾子的妻子从集市上回来，
还没有走到家门口，就远远地听见家里有猪在"嗷
嗷"地叫着。等她走到院子门口一看，只见曾子拿
着绳子正将猪捆绑起来，旁边还放着一把雪亮
的尖刀，正准备杀猪呢！曾子的妻子慌了，她着
急地问道："你这是干什么呢？"曾子头也不抬地回
答："杀猪。"妻子赶紧说："我刚才同孩子说着玩
的，并不是真的要杀猪呀！你怎么当真了？"曾子
语重心长地对妻子说："孩子小，还不太懂事，他
的一言一行，都是学大人的。我们怎么能随随便便
地骗孩子呢？如果我们现在说一些欺骗他的话，以
后他也会学我们的样子去哄骗别人。况且，虽然

xiàn zài yì shí néng hǒng de guò hái zi　dàn shì guò hòu tā zhī dào shòu le piàn
现在一时能 哄得过孩子，但是过后他知道受了骗，

jiù bú huì zài xiāng xìn mā ma de huà le　zhè yàng yì lái　nǐ jiù hěn nán zài
就不会再相信妈妈的话了。这样一来，你就很难再

jiào yù hǎo zì jǐ de hái zi le
教育好自己的孩子了。"

qī zi tīng le zēng zǐ de huà hòu　jué de hěn yǒu dào lǐ　jiù bāng zhù
妻子听了曾子的话后，觉得很有道理，就帮助

zēng zǐ yì qǐ bǎ zhū shā le　bù yí huìr　tā jiù zuò hǎo yì guō xiāng
曾子一起把猪杀了。不一会儿，她就做好一锅香

pēn pēn de zhū ròu　quán jiā rén kāi kāi xīn xīn de chī le yí dùn fēng shèng de
喷喷的猪肉，全家人开开心心地吃了一顿丰盛的

wǎn cān
晚餐。

Zengzi, a man in the state of Lu in the Spring and Autumn Period, was a disciple of Confucius. As a humble, honest and reliable man, he never lied to others including children.

One day, his wife wanted to go to the market to do some shopping, but his kid was crying, unwilling to let her go. His wife had to lie to the kid："My dear boy, if you wait at home, I will kill a pig and cook the pork for you after I return. How do you think?" His kid was excited because pork was precious and expensive which was only served at festivals. Hearing his mother's proposal, he stopped crying and waited at home.

Zengzi's wife returned home soon from the market. Before she arrived at the gate, she had already heard the howling of pig. She came into the yard and saw Zengzi was binding a pig with strings, with a sharp and shining knife laid nearby. She was flustered and hurried to ask: "What are you doing?" Zengzi answered without raising his head: "I am going to kill the pig." His wife said: "I was just kidding with the kid. How can you take it seriously?" Zengzi said in earnest: "The kid is so little that he knows little. All he knows is learnt from adults. How can we lie to him? If we lie to him, in return, when he grows up, he will lie to others. Moreover, we can only cajole him for a while. Once he gets to know the truth, he will never trust you. In such a case, you can hardly teach or educate him."

Then his wife agreed and helped him to kill the pig. After a while, she cooked a pot of delicious pork and the family enjoyed a heavy dinner happily.

生难字/词注解 | Notes

曾子: 春秋时期鲁国人，伟大的思想家、教育家，孔子的弟子。

Zengzi: A person in Lu in the Spring and Autumn Period. A great ideologist, educator and a disciple of Confucius.

捆绑: 用绳子等把东西缠紧打结。

Bind: To fasten or tie up things with strings ropes, etc.

故事评点 | Story Comment

　　为了不让孩子受到言而无信的不良影响，曾子守信杀猪，用自己的行动教育孩子要言而有信，诚实待人。这个故事告诉我们，待人要真诚，不能欺骗别人，即使是面对孩子，也要讲究诚信，不欺不诈，不瞒不骗，用自己的行动做好表率。

　　In order to keep the kid from the bad influence of failing to keep one's promise, Zengzi kept their words to kill the pig. He taught his kid to be a trustworthy and honest person through his own behavior. The story tells us that we should treat others in a sincere way, never lie to others, even to the kid, keep the promises and be an honest person so as to set a good example by personal behavior.

商鞅立木取信

Shang Yang Setting a Wood to Gain Trust

shāng yāng shì zhàn guó shí qī zhù míng de zhèng zhì jiā　tā tīng shuō qín
商鞅是战国时期著名的政治家,他听说秦

xiào gōng yǒu xióng cái dà lüè　zhèng zài xiàng tiān xià zhào jí rén cái　yú shì
孝公有雄才大略,正在向天下召集人才。于是,

shāng yāng biàn dào qín guó qù bài jiàn xiào gōng　bìng xiáng xì chén shù zì jǐ de
商鞅便到秦国去拜见孝公,并详细陈述自己的

zhèng zhì zhǔ zhāng　tā shuō　　yào shǐ guó jiā qiáng shèng　bì xū jìn xíng gǎi
政治主张,他说:"要使国家强盛,必须进行改

gé　zěn me gǎi gé ne　shǒu xiān　zhì lǐ guó jiā　bì xū shǎng fá fēn
革。怎么改革呢?首先,治理国家,必须赏罚分

míng　shù lì guó jiā de wēi xìn　zhè yàng gǎi gé jiù róng yì jìn xíng le　qín
明,树立国家的威信,这样改革就容易进行了。"秦

xiào gōng hěn zàn shǎng shāng yāng de zhǔ zhāng　biàn rèn mìng tā wéi zuǒ shù zhǎng
孝公很赞赏商鞅的主张,便任命他为左庶长,

bìng bǎ gǎi gé biàn fǎ de shì qing quán bù jiāo gěi tā fù zé
并把改革变法的事情全部交给他负责。

商鞅受到秦孝公的重用后，起草了一系列改革的法令。虽然这些法令还没有公布，可是他担心老百姓不信任他。如果百姓不信任他的话，那么改革就推行不下去了。于是商鞅想了个办法，他派人在都城的南门前放置一根高三丈的木头，在城门旁边贴上告示，上面写着："凡是能把这根木头扛到北门去的人，就赏他十两金子。"一时间，大家围在那里议论纷纷，有人觉得这个任务这么简单，却能奖十两金子，一定是开玩笑吧。大家都不敢去扛这根木头。商鞅知道老百姓还不信任他，就把赏金提高到了五十两金子，这下大家更不相信了，都摇头表示这是不可能的事情。

这时，有一个身材壮实的男子走过来，说："我来试试，这也不是什么难事，就算没拿到赏金，也不过是白忙活一场呵。"然后他就把木头扛到了北门。商鞅立刻派人赏赐那男子五十两金子，以此来表明没有欺骗百姓。大家看到后，都惊奇地睁大眼睛。这时，只听到商鞅站在城楼上对大家说："你们都看到了，我说话是算数的。如今，我受国君之命进行改革，为的是使国家富强起来。今后，凡是按法令办事的人，都有重赏；违抗法令的人，都会受罚。"说完，就命人把新法令公布出来。

经过这样一件事之后，大家都知道了商鞅是个讲诚信的人，都按照法令办事。秦国实施改革之后，也慢慢强大起来了。据说，新法令施行了十年，秦国出现了路不拾遗、夜不闭户的太平景象。

Shang Yang was a well-known statesman in the Warring State Period. He heard Duke Xiao of Qin, a man with great talent and bold vision, was calling talents together to assist him in governing the state. Then Shang Yang went to visit him to state his political ideas in detail: "If a state needs to grow into a strong one, reform is necessary. But how can the reform be successful? It should start from the tactics: awards and punishments must be rigorously carried out to set up the state's prestige. Only in this way can the reform go on." Duke Xiao of Qin totally approved of his proposal and appointed him as Zuoshu Zhang (Chief Advisor) who was in charge of the reform in full.

Shang Yang drew up a series of reforms, but he was not sure whether people believed him or not. If not, those reforms could not continue. Then he came up with an idea of putting a wood of forty five feet high in front of the South Gate of the capital city and posting a notice by the gate: "Anyone who can carry this wood to the North Gate will be awarded with ten taels of gold." Clamour of discussion started. Someone thought it must be a joke to win ten taels of gold for such a simple task. No one dared do it. Shang Yang knew people still did not trust him, and then he raised the prize to fifty taels of gold, which made people shake their heads, insisting that it was still a joke.

At that time, a vigorous man came: "It is not difficult. Even if I cannot get the reward, it would be just a futile try." He then carried the wood to the North Gate. Shang Yang immediately granted the man with fifty taels of gold. People were all shocked and heard Shang Yang, on the wall tower, claiming: "What I say will become reality. And now, I am appointed by the ruler to carry reforms to make our state rich. From now on, people who can follow laws and decrees can be awarded, while those who are against rules would be punished." Then a new decree was announced publicly.

Since then, people all knew Shang Yang was an honest person and followed the decrees put forward by him. Gradually, Qin became stronger after the implementation of those decrees. In the ten years during the implementation of those new decrees, a peaceful scene was seen in the state: no one picked up lost articles on the street and doors were unbolted at night.

生难字/词注解 | Notes

威信：指威望与信誉。
Prestige：Respect and admiration.

改革：变革，革新。
Reform：Betterment and innovation.

左庶长：秦国沿用的官职名称，是最有实权的大臣职务，相当于丞相。
Zuoshu Zhang：The most powerful official in Qin in ancient China, equivalent to the prime minister.

故事评点 | Story Comment

这个故事告诉我们发布法令的人首先要诚实守信，才能使法令具有崇高的威严和执行的效力。

The story tells us that only the man who gives rules and decrees is honest himself, can the rules and decrees rendered by him bear lofty dignity and efficient effect.

范式交友重信

Fan Shi Valuing Honesty in Making Friends

dōng hàn nián jiān yǒu gè míng jiào fàn shì de rén shì shān yáng jùn rén hé
东汉年间，有个名叫范式的人，是山阳郡人，和

rǔ nán jùn rén zhāng shào shì hǎo péng you tā men yì tóng zài tài xué dú shū liǎng
汝南郡人张劭是好朋友。他们一同在太学读书，两

rén zhì qù xiāng tóu jié xià le shēn hòu de yǒu yì hòu lái tā men yào lí kāi
人志趣相投，结下了深厚的友谊。后来他们要离开

dū chéng huí dào gù xiāng kuài yào fēn bié de shí hou liǎng rén dōu hěn bù shě yú
都城回到故乡，快要分别的时候，两人都很不舍，于

shì yuē dìng liǎng nián hòu zài xiāng jiàn fàn shì duì zhāng shào shuō liǎng nián hòu
是约定两年后再相见。范式对张劭说："两年后，

wǒ huì dào nǐ jiā lǐ kàn wàng nǐ hé nǐ mǔ qīn zhāng shào tīng shuō hòu hěn gāo
我会到你家里看望你和你母亲。"张劭听说后，很高

xìng tā huí dá dào dào nà shí wǒ yí dìng shā jī zhǔ shǔ děng dài xiōng
兴，他回答道："到那时，我一定杀鸡煮黍，等待兄

zhǎng shuō zhe liǎng rén huī shǒu dào bié
长。"说着，两人挥手道别。

时间过得很快，转眼两年就过去了。到了两人约定的那一天，张劭心情十分激动，终于可以和好朋友相聚了，他站在门口不时地向远处急切地眺望。张劭年迈的母亲看见儿子这样，就说："真是傻孩子呀，两年前随口说的一句话，到现在恐怕早就忘记了；况且汝南离山阳这么远，有上千里路，他怎么可能会来呢？"张劭认真地说："母亲，您不了解巨卿，要说巨卿这人，那是当今天下数一数二的诚实君子。他做事情，从来没有违反过大义；他说过的话，从来没有不兑现的。他是绝不会失约的。"说着，他转身回到厨房认真地准备起来，杀鸡烧酒，忙活了半天，准备好了丰盛的酒菜。

果然，没有过多久，范式风尘仆仆地骑马来了。他到厅堂上拜见张劭的母亲。张劭的母亲感慨

道:"天下真有这么讲信用的朋友呀!"于是,大家

开心地喝酒吃菜,聊着各自的生活,不知不觉就到

了傍晚。范式这才起身向张劭告别。张劭说:

"兄长果然不远千里赶来赴约,不愧是挚友。"他接

着郑重其事地对范式说:"我们虽然不是同年同

月同日生,但是将来谁要是遇不测亡故,另一个一

定要来为他送葬。"范式听了,很伤心,他回答道:

"那当然是我这做兄长的先死,你可要为我送葬

呀。"张劭开玩笑地说:"不管我在何处,一定会白

马素车,身穿孝衣,赶来为你送葬,你可要等我

呀。"说完,两人都笑起来。

范式辞别张劭后,张劭继续读书种地,奉养

老母亲。可是没有料想还不到一年,张劭忽然患

了急病,不到几天,就已经奄奄一息了。临终之际,

张劭为不能再见到范式而深感遗憾。张劭的老

母亲记着儿子的临终嘱咐，等了范式三天之后，才

把丧事办了。在出殡的这天，前来送殡的人很多。

可是，当那辆载着张劭灵柩的马车走到村口大树

下时，车轮突然陷进一个土坑，任凭众人怎么用劲

去拉，车子始终一动不动。张劭的母亲哭倒在灵

车上说："儿啊，娘知道你的心愿，可是，山阳郡离

这里千里之遥，巨卿实在是赶不到啊！"

那时范式正在县府机关做事，当他听说好

友张劭已亡故的消息后，非常伤心。他立即

把奔丧用的物品购买齐备，穿着素白的孝服驾着

马车一路朝张劭家里奔去。当他赶到时，正值

张劭出殡，范式看到张劭的灵柩，不觉痛哭起

来，他边哭边说道："贤弟，你该去安息了，哥哥送

你下葬。"说着他招呼众人扶住车辕，大家使劲

一推，灵车一下子就出了土坑。众人见此场面，

yòu gǎn dòng yòu chī jīng　dōu zàn tàn fàn shì　zhāng shào liǎng rén zhēn shì shēng
又 感 动 又 吃 惊，都 赞 叹 范 式、张 劭 两 人 真 是 生

sǐ zhī jiāo　chéng xìn jūn zǐ
死 之 交，诚 信 君 子。

jù shuō　fàn shì ān zàng le zhāng shào zhī hòu　wèi tā shǒu le sān nián
据 说，范 式 安 葬 了 张 劭 之 后，为 他 守 了 三 年

mù hòu cái lí kāi
墓 后 才 离 开。

In the Eastern Han Dynasty, Fan Shi, a man in Shanyang County, was one of the good friends of Zhang Shao, a man from Runan County. They shared their imperial college life together. With same interests and hobbies, they harvested a deep friendship. Later they returned home from the capital city. Before their departure, they made an arrangement to meet again two years later. Fang Shi said to Zhang Shao："Two years later, I will go to your home to visit your mother and you." Gladly, Zhang Shao replied："Well, I will kill hens and boil millet to prepare a feast waiting for you." They waved goodbye to each other.

Time flies. Two years past, it came to the day when Zhang Shao could have a reunion with his good friend. Excitedly and anxiously, he waited outside the door and looked out eagerly. His old mother wondered："Silly boy, the day was made casually two years ago so he must have forgotten it totally. Since Runan is so far away from Shanyang, how could he come?" Zhang Shao answered seriously："My dear mother, you don't know him. He is an honest gentleman who keeps his words and never does anything against righteousness. He will never miss the appointment." Then he returned to the kitchen and started to prepare dishes for a grand feast.

As expected, Fan Shi came after a while, riding a horse fast. He came to the hall to pay a visit to Zhang Shao's mother who was moved: "You are a truly virtuous friend." Later, they enjoyed the dishes happily and talked about life merrily till dusk. It was at that time, Fan Shi stood up and said farewell to Zhang Shao who felt glad to see his best friend come to attend the appointment made two years ago regardless of the long distance. He said to Fan Shi: "Although we were not born on the same day, no matter who dies first, the other one must attend his funeral." Fan Shi controlled himself and replied: "It must be me to die first as I am older, you must attend the funeral." Zhang Shao joked: "No matter where I am, I will come to your funeral in mourning dress. You must wait for me." Both of them laughed for the joke.

Departed with each other, Zhang Shao continued studying and farming to serve his old mother. Unexpectedly, in less than one year, he got serious ill and was almost dying in few days. He felt remorseful for no chance of seeing Fan Shi again before he died. Because of his son's will, Zhang Shao's old mother waited three days to start the funeral ceremony where many people came to attend. When the cart carrying the coffin came to the big tree at the entrance of the village, it stuck into a deep hole. No matter how many people helped, it kept still. The old mother cried: "My dear son, I know your will, but as Shanyang is so far away from here, how can he hurry to the funeral?"

At that time, Fan Shi was an official in the county. He felt grieved when he learnt the death of his best friend. He hurried to Zhang Shao's home, wearing mourning dress and brought the sacrifices prepared for the death. When he arrived at the funeral ceremony, he sobered bitterly: "My dear brother, you can rest peacefully as I am here to see you off." Then he called others to push the cart. Immediately, it came out of the hole. Moved and shocked, the crowd all praised the precious friendship between Fan Shi and Zhang Shao, both of whom were regarded as virtuous gentlemen.

It was said, after the burial of Zhang Shao, Fan Shi took care of his grave for three years.

生难字/词注解 │ Notes

山阳郡：今山东省金乡县。
Shanyang County：Jinxiang County in Shandong Province today.

太学：中国古代的国立大学。
Imperial college：The national university in ancient China.

巨卿：即范式，字巨卿。
Juqing：Courtesy name of Fan shi.

故事评点 │ Story Comment

范式和张劭是生死之交，他们的信义之风，为后人敬仰。为纪念他们，范式家乡的人们将其居住的村庄改名为"鸡黍"，并建立了"二贤祠"，供奉范式、张劭。这个故事告诉我们，真正的友谊不是以钱财或名利为基础的，

而是源于两人的相知相识、肝胆相照、患难
与共。

Fan Shi and Zhang Shao are truly virtuous friends who cherish faith and integrity, and are honored by the descendants. The villagers of Fan Shi later renamed the village as "Jishu" (feast prepared for reunion which stands for a deep friendship) and set up a "Virtuous Ancestral Hall" to commemorate them. The story tells us that true friendship is not based on wealth or fame but mutual trust and understanding.

格言精粹 | Quotations

1. 轻诺必寡信，多易必多难。——老子

One who promises too lightly is seldom able to live up to his words; things seem good would be difficult in reality. —Laozi

2. 轻千乘之国，而重一言之信。——孔子

Quality of being true to the words outweighs a big state with a thousand carriages. —Confucius

3. 言必信，行必果。——孔子

Promises must be kept and actions must be resolute. —Confucius

4. 真者，精诚之至也。不精不诚，不能动人。——庄子

The true man is honest and sincere. Only honesty and sincerity can move others. —Zhuangzi

5. 诚者，天之道也；思诚者，人之道也。——孟子

Honesty is the law of nature, being honest is the law of man. —Mencius

6. 君子养心，莫善于诚。——荀子

The noble character of a virtuous man must be molded by treating others sincerely. —Xunzi

7. 丈夫一言许人，千金不易。——《资治通鉴》

A virtuous man always keeps his promise. —Zi Zhi Tong Jian (History as a Mirror)

8. 人无忠信，不可立于世。——程颐

A man without credibility can not keep a foothold in the world. —Cheng Yi

9. 精诚所至,金石为开。——王充

Faith moves mountains. —Wang Chong

10. 一言之美,贵于千金。——葛洪

The beauty of a word outweighs a thousand ounces of gold.

—Ge Hong

中

国

经

典

美

德

故

事

第四辑　勤奋好学

Part 4　Diligence and Studiousness

匡衡凿壁借光

Kuang Heng Cutting a Hole on the Wall to Make
Use of His Neighbour's Light for Study

xī hàn shí qī　　yǒu yí wèi zhù míng xué zhě míng jiào kuāng héng　　tā zài
西汉时期，有一位著名学者名叫匡衡，他在

yuán dì zài wèi shí dān rèn zǎi xiàng　　fù zé fǔ zuǒ huáng dì guǎn lǐ quán guó
元帝在位时担任宰相，负责辅佐皇帝管理全国

zhèng wù　　dì wèi shí fēn xiǎn hè　　kuāng héng cóng xiǎo jiù hěn yǒu zhì qì
政务，地位十分显赫。匡衡从小就很有志气，

tā kě wàng qù xué táng dú shū　　rán ér jiā lǐ shí zài tài kùn nan le　　fù mǔ
他渴望去学堂读书，然而家里实在太困难了，父母

méi yǒu qián ràng tā qù shàng xué　　yú shì　　tā zhǐ néng zài jiā lǐ bāng zhù
没有钱让他去上学。于是，他只能在家里帮助

fù mǔ zuò nóng huó　　píng shí ǒu ěr dé dào yī liǎng běn shū　　tā dōu shì rú
父母做农活，平时偶尔得到一两本书，他都视如

zhēn bǎo shí fēn ài xī
珍宝，十分爱惜。

cūn lǐ yǒu gè yǒu qián rén jiào wén bù shí tā jiā zhōng yǒu hěn duō shū
村里有个有钱人叫文不识，他家中有很多书。

kuāng héng fēi cháng xiǎng jiè lái yuè dú yú shì tā xiǎng le yí gè bàn
匡衡非常想借来阅读。于是，他想了一个办

fǎ tā lái dào wén bù shí de jiā lǐ hěn zhēn chéng de shuō wǒ xiǎng
法。他来到文不识的家里，很真诚地说："我想

dào nín jiā lǐ zuò gōng dàn shì wǒ bú yào gōng qián kě yǐ ma wén bù
到您家里做工，但是我不要工钱，可以吗？"文不

shí gǎn dào hěn qí guài jiù wèn tā yuán yīn kuāng héng zhí shuài de huí dá
识感到很奇怪，就问他原因。匡衡直率地回答

dào wǒ tīng shuō nín jiā lǐ yǒu hěn duō shū wǒ lái bāng nín gàn huó dàn bú
道："我听说您家里有很多书，我来帮您干活但不

yào gōng qián zhǐ shì xiǎng jiè nín jiā lǐ de shū kàn kan xíng ma wén bù
要工钱，只是想借您家里的书看看，行吗？"文不

shí tīng shuō hòu shí fēn gǎn dòng tā hěn xīn shǎng kuāng héng xiǎo xiǎo nián
识听说后，十分感动。他很欣赏匡衡小小年

jì jìng rán rú cǐ hào xué hé dǒng shì jiù háo bù yóu yù de dā ying le kuāng
纪竟然如此好学和懂事，就毫不犹豫地答应了匡

héng gào su tā jiā lǐ de shū kuāng héng kě yǐ suí biàn fān kàn ér qiě hái
衡，告诉他家里的书匡衡可以随便翻看，而且还

kě yǐ jiè huí jiā qù kàn tīng dào wén bù shí zhè me háo shuǎng de tóng yì
可以借回家去看。听到文不识这么豪爽地同意

le tā de qǐng qiú kuāng héng kāi xīn jí le
了他的请求，匡衡开心极了。

cóng nà yǐ hòu kuāng héng bái tiān dào wén bù shí jiā lǐ gàn huó dào le
从那以后，匡衡白天到文不识家里干活，到了

wǎn shang cái yǒu shí jiān kàn nà xiē cóng wén bù shí jiā lǐ jiè lái de shū kě
晚上才有时间看那些从文不识家里借来的书。可

是，家里的生活实在太苦了，连买灯油的钱都没

有。一到晚上，家里就黑乎乎的，什么也看不见。

匡衡很着急，只好每天借助月色来看书。有天晚

上，匡衡突然看到东边的墙壁上透过来一线亮

光。他"嚯"地一声站起来，走到墙壁旁边一看，

他恍然大悟，原来从壁缝里透过来的是邻居家里

的灯光。匡衡看到这一线灯光，十分高兴。他

想了一个办法，拿一把小刀，把墙缝稍稍地刮大

了一点点。这样透过来的光亮就更多了。他就

靠着透进来的灯光，认认真真地读书。

后来，匡衡经过坚持不懈地努力学习，最终

成了大学问家，得到了皇帝的重用。

In the reign of Emperor Yuan of Han, there was a famous scholar named Kuang Heng, also known as the prime minister who assisted the emperor to govern the state. Although poor in his childhood, he had great expectations and was eager to go to school. But for the poor life, his parents could not afford the tuition so that he had to stay at home to help his parents with farming. Books occasionally got would be greatly cherished by him.

In the village, there was a rich man named Wen Bushi who had many books at home. Kuang Heng wanted to borrow the books and came up with an idea, he said to Wen Bushi: "I am willing to work for you but without any requirement of payment." Shocked and puzzled, Wen Bushi asked him why he would like to work for free. Kuang Heng replied frankly: "I heard you had many books stored in your house. If I work for you for free, can I borrow your books?" Moved by this studious and sensible little boy, Wen Bushi agreed to his requirement immediately, promising he could borrow any book back home, which excited him greatly.

Since then, Kuang Heng worked in Wen Bushi's house in the day time, and read the borrowed books only at night. But for the poor life, he could not afford any lamp oil. Anxiously, Kuang Heng had to read those books by moonlight every night. One night, he suddenly found a ray of light shed from the eastern wall, which occurred to him that it was the light from his neighbor. He used a knife and cut a crack on the wall which was wide enough to make the light shed over for him to read those books.

After that, with his perseverance, Kuang Heng finally became a famous scholar who was in the emperor's confidence.

故事评点 | **Story Comment**

匡衡超越现实的困境,在极其艰难的条件下发奋读书,终于实现理想,成就一番事业。这个故事告诉我们现实生活中的困难并不可怕,只要我们有坚强的意志和吃苦的决心,就能取得成功。

Overcoming the obstacles and difficulties in life, Kuang Heng studied hard to realize his dream and ambition in defiance of hardships. The story tells us that hardships are not horrible, once we have a strong will and determination, we can gain success.

苏秦刺股苦读

Su Qin Studying Hard by Jabbing His Thigh with an Awl to Keep Awake

zhàn guó shí qī   yǒu yí gè rén míng jiào sū qín   shì dāng shí zhù míng
战 国 时 期，有 一 个 人 名 叫 苏 秦，是 当 时 著 名

de móu lüè jiā   zhèng zhì jiā   céng gēn suí hěn yǒu shēng wàng de guǐ gǔ zǐ
的 谋 略 家、政 治 家，曾 跟 随 很 有 声 望 的 鬼 谷 子

xué xí   sū qín cóng xiǎo jiù huái yǒu hóng tú dà zhì   yīn ér dú shū tè bié
学 习。苏 秦 从 小 就 怀 有 宏 图 大 志，因 而 读 书 特 别

nǔ lì yòng gōng   dāng tā nián líng shāo zhǎng de shí hou   tā biàn xiǎng qù
努 力 用 功。当 他 年 龄 稍 长 的 时 候，他 便 想 去

qiú qǔ gōng míng   tā gào bié lǎo shī   jiā rén   zhì bàn le xíng zhuāng   dú
求 取 功 名。他 告 别 老 师、家 人，置 办 了 行 装，独

zì chū mén chuǎng dàng le   nián qīng de sū qín shì tú píng jiè zì jǐ de xué
自 出 门 闯 荡 了。年 轻 的 苏 秦 试 图 凭 借 自 己 的 学

shí hé kǒu cái shuì fú dāng shí zuì qiáng dà de qín guó   xī wàng zài qín guó dé
识 和 口 才 说 服 当 时 最 强 大 的 秦 国，希 望 在 秦 国 得

到重用。他曾经十次给秦王呈报奏折，表明
自己的政治主张和富国谋略。但是，秦王都没
有采纳苏秦的建议。

苏秦在秦国得不到重用之后，他决定离开秦
国，转而去游说其他六个小诸侯国联合起来抵抗
秦国。为了实现这个目标，他把家产变卖，换取
了路费、衣物、车马和仆人。在游说的过程中他
细致地勘察各国各地的山川地形、风土人情。可
是，好几年过去了，他仍然没有机会实现自己的抱
负。最后钱财用完了，他只好辞了仆人，卖了车
马，自己挑着行囊一步一步走回家。

当苏秦一路风尘仆仆回到家中的时候，神情
落寞，脸色灰暗，衣衫也破旧不堪，头发乱蓬蓬的
像一堆杂草。他满脸羞愧地站在庭院里，妻子看
见他这副落魄的样子，没有跟他打招呼，只是长

长地叹了一口气,继续织布干活去了。苏秦还有哥

哥、嫂子,当他嫂子看见他的时候,知道苏秦肯定是

很长时间没有吃饭了。但是,她心想苏秦出去了

这么长时间,现在竟然一文不名地回来,真是太丢

脸面了。于是,她虽然知道苏秦很饥饿,却还是不

想给他做饭。苏秦去厅堂拜见父母,父母却不想

跟他说话。苏秦看到家里人这样冷漠地对待他,心

里非常难过,不由得感叹道:"妻子不把我当丈

夫,嫂子不把我当小叔,父母不把我当儿子,这都是

我的过错啊!"他决定要重新开始读书,使学问更

加深厚,终有一天要实现抱负。

苏秦把家中所有的书都找出来,从此发奋读

书。他常常读书到深夜,有时候读着读着就睡

着了。当他醒来的时候,想想以前受到的屈

辱,他很是自责。于是,他想出了一个方法,准备

了一把锥子，当他想打瞌睡时，就用锥子刺入自己的大腿，剧痛会让他一下子清醒过来，又可以全神贯注地读书了。

就这样通过博览群书，精研各类谋略书籍，并结合自己周游列国时所得到的经验，苏秦对天下形势了如指掌。苏秦再一次外出去游说各国。据说学识渊博的苏秦，每次在宫殿之中谒见并游说各诸侯国的时候，都从容不迫，侃侃而谈，终于取得了六个诸侯国的信任，使他们接受了他的联合主张。苏秦因此成为纵横家中合纵派的领军人物和最高首脑。当时，他佩带六个诸侯国的宰相印章，执掌国君御赐的金牌宝剑，管辖六国的臣民，声名远播天下。

In the Warring States Period, there was a famous strategist and statesman named Su Qin, the disciple of the prestigious scholar Gui Guzi. Since young, Su Qin had been an ambitious person who studied hard. As he grew up, he became eager to obtain an official rank. Departed with his teacher and family, he set out to travel alone. The young Su Qin tried to persuade the strongest state of Qin with his knowledge and eloquence, hoping to be put in an important position. He sent his memorial to the emperor ten times to show his political strategies, but the emperor did not accept his proposals.

Then Su Qin decided to leave for six other smaller feudatory states to persuade them to unite in fighting against Qin. He sold his property to get enough travelling expenses, clothes, cart, horse and servants. During his travel, he surveyed the landscapes and customs of each state. Several years later, he still had not caught the chance to achieve his expectations. Finally for running out of money, he had to sell the cart and horse, departed with the servants and returned home on foot.

In ragged clothes, he returned home travel-stainedly, gloomily and in depression with grassy hair. His wife sighed without greeting him and continued to do her housework, while his brother and sister in-law, though guessing he must be hungry, were not willing to cook a meal for him. They felt humiliated to see him fall on evil days. Su Qin came to the hall to pay a visit to his parents, but they did not want to talk to him either. Treated by the coldness of the family, he felt depressed and sighed: "My wife does not treat me as her husband; my sister in-law does not treat me as her brother; my parents do not treat me as their son, all are my fault." Then he was determined to study hard to enrich himself and achieve his ambitions one day.

Finding out all his books, he started to read books studiously again. He always read books till midnight and sometimes fell in sleep while reading. But when he woke up, recalling the humiliation he had suffered, he would feel self-blamed. Then he came up with an idea that he prepared an awl to jab his thigh when he was sleepy. The pain would keep him conscious and push him into reading books attentively.

Through hard learning of different sorts of books on strategy and the art of war, combined with the experience harvested during his travelling in the feudatory states, he became familiar with the current situation of the states. He set out again to persuade the states to accept his proposal. It was said that the knowledgeable Su Qin talked confidently and calmly whenever he met with the officials in each state. Finally he got the trust of the six states and they accepted his proposal for unity. He then became the famous top strategist who claimed six states should unify to fight against Qin, He had the seals of the prime ministers of the six states and wore gold swords given by the six states' emperors to govern the people in the six states.

生难字/词注解 │ Notes

鬼谷子：春秋战国时期道家代表人物、纵横家的鼻祖，是中国历史上一位极具传奇色彩的人物，被誉为千古奇人。

Gui Guzi：The representative of Taoism during the Spring and Autumn Period and the originator of political strategy, as well as a talented person in Chinese history who was honored as a unique talent.

风尘仆仆：形容旅途奔波，忙碌劳累。

Travel-stained: Be fatigued with the journey; be quite worn out by one's journey.

纵横家：战国时期一批从事政治活动的谋士，以审察时势、陈明利害的方法，以"合纵""连横"的主张，游说列国君主，对当时形势有一定影响，其代表人物为苏秦、张仪。

Political strategists: During the Warring States Period, a group of strategists, engaging in political activities, scrutinized the current situation, lobbied the sovereigns of states with their political claims of unifying six states to fight against Qin or allying six states with Qin, rendering a certain influence on the universal situation at that time. The representatives included Su Qin and Zhang Yi.

故事评点 | Story Comment

　　苏秦早年因为急功近利，以至于失败，惹来家人的轻视。后来，他发愤读书，学问精进，最终一举成名，天下皆知。这个故事告诉我们只要自己坚定信念，摒弃投机取巧之心，一心一意发愤读书，刻苦钻研，就能迎来灿烂的前程。

　　Being anxious to achieve quick success and instant benefits, Su Qin failed and was looked down upon by his family. Later, he studied assiduously and became famous after he became learned. The story tells us that once we believe in ourselves and insist on our goals, not being opportunistic but studious, we can have a bright future.

越王勾践卧薪尝胆

Duke Goujian of Yue Enduring Hardships to Realize His Ambition

chūn qiū shí qī　 wú yuè liǎng guó wèi le zhēng duó tǔ dì hé bà quán
春秋时期，吴越两国为了争夺土地和霸权，

jīng cháng bào fā zhàn zhēng　 fū jiāo yí zhàn　 yuè guó zhàn bài　 bù dé yǐ
经常爆发战争。夫椒一战，越国战败，不得已

xiàng wú guó qiú hé　　 wú guó de guó jūn jiào fū chāi　 tā shuō　 qiú hé kě
向吴国求和。吴国的国君叫夫差，他说：“求和可

yǐ　 dàn nǐ bì xū lái wǒ zhè lǐ fú yì tīng chāi　 yuè guó guó jūn gōu jiàn
以，但你必须来我这里服役听差。”越国国君勾践

tīng shuō hòu　 háo bù yóu yù de huí dá　 zhǐ yào néng bǎo zhù wǒ de guó jiā
听说后，毫不犹豫地回答：“只要能保住我的国家，

wǒ shén me dōu kě yǐ dā ying　 yú shì　 gōu jiàn biàn dài le fū ren hé suí
我什么都可以答应。”于是，勾践便带了夫人和随

cóng lái dào wú guó rèn píng wú wáng shǐ huan
从来到吴国任凭吴王使唤。

勾践曾和吴王一样是一国之君，但是，如今沦为阶下囚，每天都不得不低声下气地听从吴王的指使。养马、扫地、看门、洗衣，勾践毫无怨言地去做了，并且极力表现出一副恭顺的样子。

吴王看他这样尽心尽力，觉得他对自己非常忠心，最后就允许他返回越国。

勾践回到越国后，立志报仇雪耻。为了牢记在吴国所受到的耻辱，他每天晚上都在生硬的柴草上睡觉，并把动物的苦胆挂在房梁上，在睡前或是醒来后、喝水吃饭时抬头舔舐苦胆，以激励自己要发愤图强。勾践衣食极为简朴，亲自带着妻儿老小，和众多的臣民一起耕种、采桑和纺纱织布。同时，勾践还提拔德才兼备的大臣管理政务，每天坚持不懈地操练兵马。勾践的这些举动感动了所有的越国臣民，举国上下齐心协力

fā fèn tú qiáng　　　 jīng guò shí nián de jiān kǔ fèn dòu　 yuè guó zhōng yú màn
发 愤 图 强 。 经 过 十 年 的 艰 苦 奋 斗 ，越 国 终 于 慢

màn yóu pín qióng luò hòu biàn de qiáng dà qǐ lái
慢 由 贫 穷 落 后 变 得 强 大 起 来 。

　　 èr shí nián hòu　 yuè guó yǐ jīng chéng wéi dāng shí lì liàng zuì qiáng dà
　 二 十 年 后 ，越 国 已 经 成 为 当 时 力 量 最 强 大

de guó jiā le　　 gōng yuán qián　　　 nián　 yuè wáng gōu jiàn zuò hǎo le chōng
的 国 家 了 。 公 元 前 475 年 ，越 王 勾 践 做 好 了 充

fèn zhǔn bèi　 dà guī mó de jìn gōng wú guó　 wú guó jiē lián dǎ le bài zhàng
分 准 备 ，大 规 模 地 进 攻 吴 国 ，吴 国 接 连 打 了 败 仗 。

yuè jūn bǎ wú guó dū chéng wéi gōng le liǎng nián　 wú wáng fū chāi bèi bī de
越 军 把 吴 国 都 城 围 攻 了 两 年 ，吴 王 夫 差 被 逼 得

zǒu tóu wú lù　 fēi cháng xiū kuì　 jiù bá jiàn zì shā le　　 hòu lái　 yuè wáng
走 投 无 路 ，非 常 羞 愧 ，就 拔 剑 自 杀 了 。 后 来 ，越 王

gōu jiàn běi shàng zhōng yuán yǔ zhū hóu guó lián méng　 chéng wéi chūn qiū shí qī
勾 践 北 上 中 原 与 诸 侯 国 联 盟 ，成 为 春 秋 时 期

zuì hòu yí gè bà zhǔ
最 后 一 个 霸 主 。

In the Spring and Autumn Period, for the ownership of lands and hegemony, wars constantly broke out between Wu and Yue. Yue was defeated in Mountain Fujiao, which forced it to seek peace. Duke Fuchai of Wu promised: "I can agree with your requirement provided that you come to my state for service." Duke Goujian of Yue agreed without hesitation, arriving in Wu with his wife and attendants to serve Fuchai.

Goujian had been a ruler just like Fuchai, but now he had to follow Fuchai's orders as a captive to feed horses, do the cleaning, be a doorkeeper and do the laundry. Seeing Goujian strained every nerve to follow his orders, Duke Fuchai of Wu thought him to be loyal and finally allowed him to return to Yue.

Back in Yue, Goujian resolved to take revenge for the insult. Each night, he slept on hard firewood, tasting the gall hanging on the ceiling before he slept or after he woke up, and sometimes when he drank water or had meals, to bear in mind the hardships so as to urge himself to study and work hard. Leading a simple and frugal life, he along with his subjects, wife and children, did the farming, plucked mulberry leaves and did spinning and weaving. Meanwhile, Goujian promoted talented people as ministers to manage the state affairs. Every day, he insisted on training his army. All these moved people in Yue who exerted their whole strength to enhance the state's national power. After ten years' striving, the state gradually grew from a weak one into a strong one.

Twenty years later, Yue became the most powerful state at that time. In 475 B. C., with full preparation, Goujian started a massive attack to Wu which was defeated in succession. The Yue Army besieged the capital city for two years, which humiliated Fuchai who committed suicide with his own sword. Later, Duke Goujian proceeded northward to form the alliance with other feudatory nations, and became the last powerful overlord in the Spring and Autumn Period.

生难字/词注解 | Notes

夫椒：古山名，今为无锡太湖马山。

Fujiao：The name of a mountain in ancient times, which is Mount Ma near the Taihu Lake of Wuxi City today.

发愤图强：发愤——决心努力；图——谋求。决心奋斗，努力谋求强盛。

To urge someone to study and work hard：Strive for progress with determination.

故事评点 | Story Comment

越王勾践败给吴王夫差后，遭受了常人难以忍受的屈辱，之后他励精图治以图复国，终于报仇雪恨。这个故事告诉我们要坚定目标，矢志不渝，只要拥有坚忍不拔的决心和毅力，终有一天会成功。

After being defeated by Duke Fuchai of Wu, Goujian as the Duke of Yue suffered severe humiliation. Later he strove to regain his state and finally achieved his ambition. The story tells us that with firm determination, hard work and perseverance, success will finally come one day.

187

祖逖闻鸡起舞

Zu Ti Rising up upon Hearing the Crow of a
Rooster to Perfect His Martial Skills

zǔ tì yǔ liú kūn dōu shì jìn dài zhù míng de jiàng lǐng   tā men cóng xiǎo
祖逖与刘琨都是晋代著名的将领,他们从小

jiù shì hǎo péng you   jīng cháng zài yì qǐ dú shū   xí wǔ   qīng nián shí qī yòu
就是好朋友,经常在一起读书、习武,青年时期又

yì tóng zài sī zhōu dān rèn zhǔ bù   liǎng rén zhì qù xiāng tóu   gǎn qíng hěn
一同在司州担任主簿。两人志趣相投,感情很

shēn hòu
深厚。

dāng shí yǒu wài zú qīn lüè zhōng yuán   dà bù fen guó tǔ lún sàng   lǎo
当时有外族侵略中原,大部分国土沦丧,老

bǎi xìng liú lí shī suǒ   shēng huó zài shuǐ shēn huǒ rè zhī zhōng   zǔ tì   liú
百姓流离失所,生活在水深火热之中。祖逖、刘

琨两人看到这一切后十分悲痛，立志要做个报效国家的人。于是，他们白天一起处理公务，晚上一起舞剑弄枪，期待有一天能够效力沙场，实现自己的报国之志。他们就这样长年累月地坚持下来，从来没有间断练习。

一次夜半时分，祖逖与刘琨睡得正香，四周一片静寂。祖逖在睡梦中似乎听到公鸡的鸣叫声。于是，他醒来对刘琨说："你听见鸡叫了吗？"刘琨说："半夜听见鸡叫不吉利。"祖逖说："我不是这样想的，咱们干脆以后听见鸡叫就起床练剑如何？"刘琨欣然同意。从那以后，祖逖和刘琨约定，不管刮风下雨，不管酷暑严冬，每天听到鸡叫后就准时起床，借着熹微的晨光开始练枪舞剑。功夫不负有心人，经过长期的刻苦学习和训练，他们终于成了能文能武的全才。

几年后,祖逖升任豫州刺史,他积极招募军队,所率领的部队纪律严明,受到人民的爱戴和支持。刘琨则做了征北中郎将,兼管当地的军事。他们带领将士浴血奋战,收复大片失地,实现了报效祖国的愿望。

Zu Ti and Liu Kun were famous generals in the Jin Dynasty. From childhood, they always studied and practiced martial arts together as good friends. In their youth, both of them were Secretaries in Sizhou. With similar ambition and interest, they kept a deep friendship.

At that time, other nationalities invaded the Central Plains and plundered many territories where destitute and homeless people lived a miserable life. Zu Ti and Liu Kun felt grieved to see the sorrow of people and determined to fight for the country. They dealt with government affairs together in the day time, and practiced swords and spears at night, hoping one day they could fight in the battlefield to realize their ambition of serving their country. Then they hold fast to their ambition and never stopped practicing.

One day, it was midnight when Zu Ti and Liu Kun slept soundly and peacefully. Zu Ti was woken up by a crowing rooster in his dream. He asked Liu Kun whether he had heard the sound or not. Liu Kun answered: "It is unlucky to hear rooster crowing in the midnight." Zu Ti disagreed: "Why don't we rise up to practice once the rooster crows?" Liu Kun agreed. Since then, they agreed that no matter it rained or blew winds, be it summer or winter, when the rooster crowed, they must get up and be ready for the practice in the slight sunlight. Their work paid off. After the long-time practice and study, they finally became adept at civil and military skills.

A few years later, promoted to be the Imperial Protector of Yuzhou, Zu Ti actively recruited troops. The army he led was highly disciplined, which was admired and supported by people. Liu Kun was given the title of the Imperial Commander who was in charge of conquering the north and commanding the local troop. They led soldiers to fight dauntlessly to regain the lost territories and finally realized their ambition of serving the country.

生难字/词注解 | Note

主簿：古代官名。 魏、晋以前中央及郡县官署多置之。 其职责为主管文书，办理事务，管理官府公文。

Secretary: An official post in feudal China, set by many central and county government before the Wei and Jin dynasties. People on this post are in charge of official documents and files as well as business affairs.

故事评点 | Story Comment

　　"闻鸡起舞",原意是听到鸡叫就起床练习剑法,后来用来比喻有志报国的人发奋努力。从祖逖和刘琨的故事中,我们知道在树立远大理想的同时,更要付诸实际的行动,在行动中磨砺我们的意志,在实践中创造美好生活。

"Rising up upon Hearing the Crow of a Rooster to Perfect His Martial Skills" was used to denote the meaning of rising up to practice with swords and spears when hearing the crow of rooster. Later it is used to describe those hardworking people who are determined to serve for their countries. From the story of Zu Ti and Liu Kun, we learn that with great expectations, one still needs to practice with a strong will and perseverance to make a better life.

王羲之吃墨

Wang Xizhi Eating Ink

wáng xī zhī shì dōng jìn shí qī zhù míng de shū fǎ jiā yǒu shū
王羲之是东晋时期著名的书法家,有"书

shèng de měi yù tā de shū fǎ bó cǎi zhòng cháng zì chéng yì jiā yǐng
圣"的美誉,他的书法博采众长,自成一家,影

xiǎng shēn yuǎn dài biǎo zuò lán tíng jí xù bèi yù wéi tiān xià dì yī xíng
响深远,代表作《兰亭集序》被誉为"天下第一行

shū wáng xī zhī néng gòu qǔ dé zhè yàng zhuó yuè de chéng jiù jiù zài
书"。王羲之能够取得这样卓越的成就,就在

yú tā cóng xiǎo kù ài shū fǎ qiě jiān chí bú xiè de qín xué kǔ liàn yǒu
于他从小酷爱书法,且坚持不懈地勤学苦练。有

chuán wén tā liàn zì shí yòng huài de máo bǐ duī zài yì qǐ chéng le yí zuò
传闻他练字时用坏的毛笔,堆在一起成了一座

xiǎo shān rén men jiào tā bǐ shān tā jiā páng biān yǒu yí gè xiǎo shuǐ
小山,人们叫它"笔山"。他家旁边有一个小水

池，他常在这水池里洗毛笔和砚台，后来小水池的水都变黑了，小水池被人们戏称为"墨池"。

传说王羲之在很小的时候，练字十分刻苦。长大以后，王羲之的字已经写得很好了，可是他仍然坚持每天练字，甚至达到了废寝忘食的地步。有一次吃午饭，书童送来了他平时最爱吃的蒜泥和馍馍，几次催他快吃，他仍然连头也不抬，像没听见一样，专心致志地看帖、写字。后来饭菜都凉了。书童没有办法，只好去请王羲之的母亲来劝他吃饭。母亲听说王羲之这么认真，为了练字竟然不吃饭，很心疼自己的儿子，于是，就来到书房，在房门上连敲了好几声，都没有听到王羲之答应。她只好直接推开房门，看见王羲之手里正拿着一块沾了墨汁的馍馍，嘴里还津津有味地嚼着呢，弄得整个嘴唇都黑乎乎的。原来

tā zài chī mó mo de shí hou　yǎn jing réng rán kàn zhe zì　jié guǒ cuò bǎ mò
他在吃馍馍的时候，眼睛仍然看着字，结果错把墨

zhī dàng suàn ní zhàn zhe chī le　mǔ qīn kàn dào zhè zhǒng qíng jǐng　rěn bú
汁当蒜泥蘸着吃了。母亲看到这种情景，忍不

zhù xiào le qǐ lái　wáng xī zhī hái bù zhī dào shì zěn me huí shì ne　tīng
住笑了起来。王羲之还不知道是怎么回事呢！听

dào mǔ qīn de xiào shēng　tā tái qǐ tóu　shuō　jīn tiān de suàn ní kě zhēn
到母亲的笑声，他抬起头，说："今天的蒜泥可真

xiāng a　mǔ qīn lián lián yáo tóu　jì xīn téng ér zi chī cuò dōng xi　yòu
香啊！"母亲连连摇头，既心疼儿子吃错东西，又

jué de ér zi zhè me yòng gōng　xīn lǐ hěn shì kuān wèi
觉得儿子这么用功，心里很是宽慰。

　jīng guò shí jǐ nián rú yí rì de qín xué kǔ liàn　wáng xī zhī liàn jiù
经过十几年如一日的勤学苦练，王羲之练就

le fēi cháng zhā shí de gōng fu　chéng nián hòu　tā guǒ rán bú fù zhòng
了非常扎实的功夫。成年后，他果然不负众

wàng　chéng le jǔ shì wén míng de dà shū fǎ jiā
望，成了举世闻名的大书法家。

Wang Xizhi, a famous calligrapher in the Eastern Jin Dynasty, had a good name of the "Saint of Calligraphy". His calligraphy absorbed others'strong points, creating a unique style with great art attainments, exerting great influence on others. His masterpiece *The Orchid Pavilion Gathering* has been honored as "the best running hand". The success he achieved was attributed to his interest in calligraphy and perseverance from childhood. It was said the writing brushes he used could be piled up like a mountain which was called the "Pen Mountain". The small pool near his house was blackened because he always cleaned his writing brushes and ink slabs there. People called it the "Ink Pool".

Wang Xizhi was said to practice calligraphy hard since he was a little child. When he grew up, his calligraphy was good enough, but he still kept on writing and practicing, sometimes even forgot to eat or sleep. Once it was lunch time, the attendant boy sent him his favorite food: mashed garlic and a kind of village buns called momo, and urged him to have the meal several times but he was still engrossed in practicing without raising his head. As the food became cold, the attendant had to ask Wang Xizhi's mother for help who was worried about her son and came to the study room. She knocked on the door many times but still without receiving any response, and then she pushed the door open and saw her son eating the buns that had been dipped in ink. His mouth had already become black and dirty. It turned out that when he was eating the food, his eyes were still fastened on his calligraphy, which made him take the ink as the mashed garlic. His mother could not help laughing out when he still did not know what happened. Hearing the laughter, he raised his head: "Today's mashed garlic was delicious!" His mother shook her head, because she cared for her son. But she still felt happy to see him work so hard.

With perseverant practicing, Wang Xizhi gained strong skills. Years later, he became a prestigious calligrapher, living up to others' expectations.

生难字/词注解 | Notes

废寝忘食: 顾不得睡觉，忘记了吃饭。 形容专心努力。
Keep on working, even forget to eat or sleep: Work hard and neglect one's meals and sleep.

专心致志: 把心思全放在一件事上。 形容一心一意，聚精会神。
Be engrossed in: Devoting oneself to something wholeheartedly and attentively.

故事评点 | Story Comment

　　王羲之苦练书法的故事告诉我们有天赋固然重要，但更为重要的是后天的勤奋和刻苦。只有专心致志地去做一件事，经过长期坚持不懈的努力，才会取得成功。

The story of Wang Xizhi who practiced calligraphy hard tells us that talent is important, but the most important is one's hard work and diligence. Only by focusing on one thing, along with long-time perseverance can one realize his dreams and become successful.

鲁班学艺

Lu Ban Learning Craft

chuán shuō zài chūn qiū shí qī　　lǔ guó yǒu yí wèi míng jiào lǔ bān de
传 说 在 春 秋 时 期，鲁 国 有 一 位 名 叫 鲁 班 的

rén　wéi rén zhōng chéng　néng chī kǔ nài láo　　tā de zǔ fù　fù qīn dōu
人，为 人 忠 诚，能 吃 苦 耐 劳。他 的 祖 父、父 亲 都

shì gěi bié rén zuò mù jiàng huó de shī fu　　suǒ yǐ　lǔ bān cóng xiǎo jiù gēn
是 给 别 人 做 木 匠 活 的 师 傅。所 以，鲁 班 从 小 就 跟

suí jiā lǐ rén gěi bié rén zuò mù jiàng huó　　tā gàn huó cóng lái dōu bú lìn xī
随 家 里 人 给 别 人 做 木 匠 活。他 干 活 从 来 都 不 吝 惜

lì qi　zuò shì yòu xì xīn　nà xiē gù yòng tā men zuò gōng de rén dōu hěn zàn
力 气，做 事 又 细 心，那 些 雇 用 他 们 做 工 的 人 都 很 赞

shǎng tā　　lǔ bān èr shí lái suì de shí hou　zài dāng dì yǐ jīng yǒu xiē míng
赏 他。鲁 班 二 十 来 岁 的 时 候，在 当 地 已 经 有 些 名

qì le　　kě shì tā bù mǎn zú yú xiàn zhuàng　tā hái xiǎng qù bài shī xué
气 了。可 是 他 不 满 足 于 现 状，他 还 想 去 拜 师 学

艺，提升自己的才学和技能。他听说在终南山有一位老师傅，才高艺精，做木匠的功夫很了不起。于是，鲁班就离开家，背着简单的行囊去寻访这样一位世外高人。

鲁班历经千辛万苦来到了终南山，当他爬到山顶的时候，看到一个破落的屋子。他轻轻地推开门，屋子里有些斧头、刨子等工具都生锈了，胡乱地摊放在地上。有一个须发皆白的老头儿，正躺在床上睡觉呢。鲁班心想，这位老师傅一定就是精通木匠手艺的神仙吧。鲁班耐心地把那些工具都收拾起来，放在旁边的木箱里，然后规规矩矩地坐在那里等老师傅醒来。

太阳落山了，老师傅才醒来。鲁班向老师傅问候，并请求留下来学艺。老师傅听说后，就说："我要考考你，你答对了，我就把你收下；答错了，你怎样来还怎样回去。"鲁班不慌不忙地说："我今天答不上，明天再答。哪天答上来了，师傅就哪天收我做徒弟。"老师傅接着提了几个关于木工活的基本知识，鲁班都能准确地作答。老师傅对他很满意，就答应鲁班留下来学习。接着，鲁班按照老师傅的吩咐，把屋子里那些已经长满铁锈的斧子、刨子、凿子磨锋利。他一直不停地磨，磨了七天七夜，那些工具一件件都磨得闪闪发亮。鲁班遵照老师傅的安排，用斧头去砍一棵参天大树，然后将它砍成一个光滑大柁，用凿子在大柁上凿了两千多个洞眼，鲁班就这样没日没夜地干活。等一切都做好后，老师傅连声叫好。

三年后，鲁班把所有的手艺都学会了。一天，老师傅把鲁班叫到眼前，说："你的手艺现在已经学成，可以下山了"。说着，他把那些斧头、刨子、

<ruby>凿<rt>záo</rt></ruby><ruby>子<rt>zi</rt></ruby><ruby>等<rt>děng</rt></ruby><ruby>工<rt>gōng</rt></ruby><ruby>具<rt>jù</rt></ruby><ruby>都<rt>dōu</rt></ruby><ruby>送<rt>sòng</rt></ruby><ruby>给<rt>gěi</rt></ruby><ruby>了<rt>le</rt></ruby><ruby>鲁<rt>lǔ</rt></ruby><ruby>班<rt>bān</rt></ruby>。<ruby>鲁<rt>lǔ</rt></ruby><ruby>班<rt>bān</rt></ruby><ruby>舍<rt>shě</rt></ruby><ruby>不<rt>bu</rt></ruby><ruby>得<rt>dé</rt></ruby><ruby>离<rt>lí</rt></ruby><ruby>开<rt>kāi</rt></ruby><ruby>师<rt>shī</rt></ruby>

záo zi děng gōng jù dōu sòng gěi le lǔ bān. lǔ bān shě bu dé lí kāi shī 凿子等工具都送给了鲁班。鲁班舍不得离开师傅，临走的时候，他哭着说："我给师傅留点什么东西呢？"老师傅说："师傅什么也用不着，只要你不丢师傅的脸，不坏师傅的名声就足够了。"

鲁班下山以后，他时刻不忘师傅的嘱咐，勤勉刻苦，用心做事。他还将技艺无私地传给徒弟，为人们造福。两千多年来，鲁班一直被土木工匠尊奉为"祖师"，受到人们的尊敬和纪念。

In the Spring and Autumn Period, there was an honest and hard-working man named Lu Ban in the state of Lu. Both of his grandfather and father were carpenters. When he was young, he worked as a carpenter to help his family and never spared himself to work , which won him the appreciation from his employer. He gained a good reputation in the local area when he was over twenty years old, but he didn't feel contented and still wanted to improve and develop his skills through further study. He heard there was a sophisticated master in the Zhongnan Mountain, who was highly skilled in carpentry. Then he left home with just some clothes and food to pay a visit to the master.

After long-time travel, he finally arrived at Zhongnan Mountain. When he reached the top, he saw a shabby house. He pushed the door open and saw some rusty tools like axes and planes laid in a mess on the floor. An old man with white beard and hair was sleeping on the bed. Lu Ban guessed the old man must be the skilled master. He picked up those tools and put them into the nearby wooden box. Then he sat there silently to wait for the old man to wake up.

The old man did not wake up until the sun set down. Lu Ban greeted him and pleaded to be his apprentice. The old man replied: "I need to test you. If you can answer correctly, I will take you as my apprentice; if not, you have to return home." Lu Ban responded: "If I can't get the answer today, I will try again tomorrow. The day on which I can get the right answer is when you can accept me as your apprentice." Then the old master asked several basic questions of carpentry, Lu Ban answered correctly. The old master felt satisfied with him and accepted him as apprentice. Later, according to the old master's order, Lu Ban sharpened those rusty tools for seven days and nights till all those axes, planes and chisels shone brightly. He chopped a towering tree down with the sharpened axe and cut it into a beam. He then made two thousand holes on the beam with the sharpened chisel. In this way, Lu Ban worked day and night. When he finished, the old master appreciated and praised him for what he did.

Three years later, Lu Ban learnt all the crafts of the old master. One day, as he had already learnt all the skills and crafts, the old master asked him to go down the Zhongnan Mountain and gave him tools like the axes, planes and chisels. But he was reluctant to leave and cried："Is there anything I can give you, Master?" The old master answered："I don't need anything. I will feel contented as long as you don't lose my face or ruin my reputation."

After Lu Ban went down the Zhongnan Mountain, he kept his master's words in mind, being diligent, and fully devoted himself to work. In addition, he imparted skills and crafts to his apprentices selflessly, making a great contribution to people. For more than two thousand years, Lu Ban, honored as "Master" by carpenters, was respected and commemorated by people.

生难字/词注解 | Note

老师傅：尊称传授文化、技术的人。 泛指在某方面值得学习的人。

Skilled master：An experienced person with knowledge or skills worthy of learning from.

故事评点 | Story Comment

鲁班早年放弃安逸的生活去终南山学艺,终于学成下山,用他精湛的技艺为人们造福。这个故事告诉我们不要随波逐流,时刻要激励自己努力向上,勇于进取,在平凡的生活中创造不平凡的事业。只有这样,一个人的生命才有意义。

Giving up a comfortable and stable life，Lu Ban went to Zhongnan Mountain to learn crafts and skills. He finally became skilled and made a contribution to people. The story tells us that we need to motivate ourselves to study and work hard to fight for higher goals and face challenges bravely to create an extraordinary career in the common life. Only in this way can one's life become meaningful.

华佗求学

Hua Tuo Seeking Knowledge

huà tuó shì dōng hàn shí qī zhù míng de yī xué jiā tā jīng tōng nèi
华佗是东汉时期著名的医学家,他精通内

kē fù kē ér kē zhēn jiǔ děng yóu qí shàncháng wài kē tā céng jīng
科、妇科、儿科、针灸等,尤其擅长外科。他曾经

yòng má fèi sǎn gěi bìng rén zuò pōu fù de shǒu shù xiào guǒ xiǎn zhù tā
用"麻沸散"给病人做剖腹的手术,效果显著。他

shì shì jiè yī xué shǐ shang zuì zǎo jìn xíng quán shēn má zuì de yī shēng tā
是世界医学史上最早进行全身麻醉的医生;他

hái mó fǎng hǔ lù xióng yuán niǎo de dòng zuò hé zī tài chuàng zào
还模仿虎、鹿、熊、猿、鸟的动作和姿态,创造

le yì zhǒng jiào wǔ qín zhī xì de liáo fǎ yòng yǐ duàn liàn shēn tǐ
了一种叫"五禽之戏"的疗法,用以锻炼身体,

zēngqiáng tǐ zhì huà tuó yì shēng zài quán guó gè dì xíng yī bèi shòu rén
增强体质。华佗一生在全国各地行医,备受人

们的尊重，人们称他为"神医"。

然而，在华佗还没有成为名医时，由于缺乏经验，有时面对疑难杂症，他也会束手无策。因此，他决定再去继续学习。当他听说有一位老先生医术精湛时，就打算到他那里去当学徒。他隐姓埋名，装扮成普通人的模样，在那位老医生家里当学生。不知不觉三年就过去了。

有一天，老先生外出治病去了，留下华佗在家里拣药。这时，来了一个肚子很大、腿极粗的病人来看病，华佗诊断他得的是鼓胀病，华佗对他说："你得的是鼓胀病，必须以毒攻克。"于是，华佗给他开了二两砒霜，让他分两次吃。病人拿了药后，大吃一惊："啊！砒霜！这不是要了我的命吗？"病人将信将疑地拿着药走了。刚走到村口，碰上老医生，就赶快向老先生询问。老先生说："就是这个药方，放心吃吧，吃了病就好了。"

病人走后，老先生很疑惑，心想："我徒弟怎么会开出这个药方呢？我没有教过他呀！除了我之外，这世上能开得出这个药方的人还有谁呢？莫非他就是华佗？"华佗这时拜倒在地，把来当学徒的缘由说了出来，老先生赶忙将他扶起来，说："华佗啊，你已经很有名气了，还到我这穷乡僻壤来吃苦，真不容易！"华佗说："老先生，人各有所长，我不会的，就应该向您学习。"从那以后，老先生把自己的所有医术都传给了华佗，为华佗后来成为名医奠定了重要的基础。

Hua Tuo, a famous medical scientist in the East Han Dynasty, was skilled in internal medicine, gynaecology, paediatrics, and acupuncture and especially good at surgery. He did a laparotomy with anesthesia powder, which had great treatment effect. He was the first doctor who used the general anesthesia. Moreover, to invigorate people effectively, he imitated the motions and gestures of tiger, deer, bear, ape and bird to create a treatment named "Five-animal Exercises". He practiced medicine around the state for life and was honored by people as "Miracle-working Doctor".

However, some serious miscellaneous diseases were beyond his control. Therefore, Hua Tuo was determined to study further. When he heard there was a skillful old doctor, he planned to be his apprentice under an assumed name. Time flies. Three years passed.

One day, the old doctor went out to treat patients, leaving Hua Tuo at home to sort out medicine. A man of a big belly and thick legs came in. Hua Tuo diagnosed him as getting tympanites. He said to the patient: "You've got tympanites which can only be cured by poison." He then prescribed two taels of arsentic for his illness and enjoined him to halve it for taking twice. The patient shocked: "Arsentic? Is it going to take my life?" The patient left and half-believed in the prescription. At the entrance of the village, the patient encountered the old doctor and inquired whether he could take the medicine or not. The old doctor replied: "Yes, it is this poison that can cure your disease."

After the patient left, the old doctor felt puzzled: "How could my apprentice prescribe this medicine since I have not taught him? He must be Hua Tuo." Then Hua Tuo fell on his knees, bowed to the ground, and spoke out the reason of being the apprentice. The old doctor raised him by the arm and said: "You are already famous enough. Why do you come to this poor village just for learning?" Hua Tuo replied: "Each one has his own unique merits. I can learn what I don't know from you, my master." Since then, the old doctor imparted all the skills and knowledge to Hua Tuo who later became a well-known highly-skilled doctor.

生难字/词注解 | Note

砒霜: 无机化合物, 是不纯的三氧化二砷, 白色粉末, 有时略带黄色或红色, 剧毒, 可制杀虫剂。

Arsenic: An inorganic compound, is impure arsenic trioxide, white powder, sometimes slightly yellow or red, highly toxic, can be used as insecticide.

故事评点 | Story Comment

华佗为了提升医术, 隐姓埋名, 谦卑地去当别人的学徒。这个故事告诉我们山外有山, 人外有人, 要虚心地向更优秀的人学习, 汲取其他人的经验和智慧, 不断增长自己的才干。

To improve medical skills, Hua Tuo learnt from a master as an apprentice by concealing his identity. The story tells us that diamond cuts diamond. Learning from others humbly, absorbing others' advantages and experience can help one increase his own ability and talent.

学痴王冕

Wang Mian Being Crazy about Learning

yuán dài yǒu yí gè míng jiào wáng miǎn de rén tā cōng míng líng lì
元代，有一个名叫王冕的人，他聪明伶俐，
cóng xiǎo jiù xǐ huān dú shū shí zì kě shì jiā lǐ pín kùn méi yǒu qián
从小就喜欢读书识字。可是，家里贫困，没有钱
sòng tā qù shàng xué tā zhǐ hǎo zài jiā lǐ bāng fù mǔ gàn huó dà gài zài
送他去上学，他只好在家里帮父母干活。大概在
tā qī bā suì de shí hou yǒu yí cì fù qīn ràng tā dào tián yě lǐ fàng
他七八岁的时候，有一次，父亲让他到田野里放
niú tā guāi guāi de bǎ niú qiān dào dì lǐ ràng niú qù chī cǎo zì jǐ biàn
牛，他乖乖地把牛牵到地里，让牛去吃草，自己便
guān shǎng yě wài de jǐng zhì cǐ shí gāng hǎo xù rì dōng shēng zhāo xiá
观赏野外的景致。此时刚好旭日东升，朝霞

映照着山林田野，村庄里有炊烟升起。王冕看到这样美的景致，深深地陶醉了。他多么渴望这时能够有书为伴，在旷野里念书该是多么快活呀！过了一会儿，他隐约地听到从远处学堂里传来书声琅琅。他按捺不住心里的好奇，就径直跑去学堂门外偷听，边听边念，十分着迷。

时间过得很快，转眼就到了傍晚时分，他打算回家的时候，却发现牛不见了。他很着急，可是找了很久都没有找到牛，他只好很伤心地回了家。正要向父亲认错的时候，有个人牵着他家的牛向他父亲告状，说："你看你不好好管教你家儿子，让牛践踏我家的地。"王冕的父亲听说后，非常生气，狠狠地揍了他一顿。可是，挨了打的王冕，并没有因此而有改变，他时常偷偷跑到学堂外面去听人家念书，牛时常被落在野外。他也因此屡次遭到父亲的责罚。

后来，王冕的母亲对他父亲说："儿子这样痴迷读书，为什么不让他做自己想做的事情呢？"父亲只好答应让王冕自己四处去求学。于是，王冕挑着行李离开家，搬到寺院里居住。晚上他偷偷出来，坐在佛像膝上，拿着书在长明灯下朗读，一直到天亮。安阳有一个大学者名叫韩性，听说王冕的苦学事迹之后，十分感动，就收他为学生，亲自教授和指导王冕学习。功夫不负有心人，经过多年的努力学习，王冕终于成为一位赫赫有名的大画家、大诗人。

Wang Mian, a clever and talented person in the Yuan Dynasty, loved reading and learning since his childhood. But born into a poor family, he had to help his parents with farming. When he was about seven years old, one day, his father asked him to look after cattle. He led the cattle to the field to eat grass, while he was enjoying the good scenery there. At that time, the sun was rising brightly. The rosy dawn glowed on the mountains, the woods and the fields, while the clouds were hovering above the village. He was wholly absorbed in the beautiful scenery, wondering how wonderful it would be to have a chance to read books there. Soon he vaguely heard the reading sounds of students from school. Curiously and happily, he ran to the gate of the school, followed what the teacher said, and was completely immersed in the class.

Time flew, the night fell down. When Wang Mian decided to return home, he found his cattle had already gone. Worried and anxious, he searched for a long time but could not find them. He returned home sadly and was about to admit his fault when someone led the cattle to his father: "You need to watch your son. Your cattle had treaded on my farmland." Wang Mian was punished seriously by his father. But he didn't change, and still ran to the school secretly for learning, with his cattle left in the wild, for which he got punished several times.

Later his mother said to the father: "Since your son is so crazy about learning, why don't we let him do what he likes?" His father agreed and allowed Wang Mian to pursue his study around. Then, Wang Mian carried his luggage to live in a temple. At night, he went out to sit on the knee of the Buddha figure, held books in hand, and read books till daybreak in the light of the altar lamp which burnt day and night. Han Xing, a famous scholar in Anyang, after hearing the story of Wang Mian, accepted him as his apprentice and taught him in person. Hard work paid off. After many years' effort, Wang Mian finally became a well-known painter and poet.

生难字/词注解 | Notes

琅琅： 形容读书声音响亮。
Reading aloud： Describing the loud book-reading voice.

践踏： 踩。
Tread on： Trample underfoot.

故事评点 | Story Comment

王冕因为热爱读书，所以能够超越世俗生存环境，达到一种乐在其中的忘我境界。这个故事告诉我们学习知识，充实自己不仅是现实生活的要求，更是生命的内在需要。我们要像王冕那样在学习中体会快乐，在实践中收获成功。

For his love of reading, Wang Mian surpassed the secular living environment to reach a self-pleasured state，being completely addicted to it. The story tells us that learning is not only required by the reality but also the essential of life. We need to learn from Wang Mian to taste the pleasure in learning and harvest in practice.

格言精粹 | Quotations

1. 学而不厌，诲人不倦。——孔子

   Having an insatiable desire to learn, be tireless in teaching. —Confucius

2. 生也有涯而知也无涯。——庄子

   Life is limited, while knowledge is infinite. —Zhuangzi

3. 学无止境。——荀子

   There is no end to learning. —Xunzi

4. 不知则问，不能则学。——董仲舒

   It makes a moral man to ask for what he doesn't know, to learn what he can't do. —Dong Zhongshu

5. 读书破万卷，下笔如有神。——杜甫

   Read wide, and you will wisely write. —Du Fu

6. 业精于勤，荒于嬉。——韩愈

   Achievement is founded on diligence and wasted upon recklessness. —Han Yu

7. 要知天下事，须读古人书。——冯梦龙

   Knowing the world's affairs is well based on reading the ancients' books. —Feng Menglong

8. 黑发不知勤学早，白首方悔读书迟。——颜真卿

   Not being diligent in study while young would lead to the regret while old. —Yan Zhenqing

9. 读书有三到：心到、眼到、口到。——朱熹

   There are three things to use in reading a book—the eyes, the mouth and the mind. —Zhu Xi

10. 世事洞明皆学问，人情练达即文章。——曹雪芹

A grasp of mundane affairs is genuine knowledge; understanding of worldly wisdom is true learning.—Cao Xueqin

后　记

中国是文明古国、礼仪之邦，在世界上享有盛誉。自古以来，敬重德行、遵从礼仪、崇尚节操等美德始终是中华民族赖以生存和发展的道德根基和精神支柱。其中，天下兴亡、匹夫有责的爱国情感；爱岗敬业、公而忘私的奉献精神；奋不顾身、见义勇为的英雄气概；博爱众生、兼济天下的社会理想；艰苦奋斗、自强不息的生活姿态等高贵美德，至今仍散发出熠熠光辉，启迪我们既要重视身心修养，同时又要怀抱强烈的社会责任感和积极进取的精神。

"一沙一世界，一叶一菩提。"古往今来，中华大地上涌现了无数的优秀儿女，如精忠报国的岳飞、忧国忧民的范仲淹、浩然正气的文天祥、代父从军的花木兰、出塞和亲的王昭君、勤奋好学的王冕、王羲之等，他们已经成为社会公认的道德典范。他们的高贵品质也成为代代相传、永不枯竭的精神动力，激励后人从小树立高远志向，培育仁爱、宽容、正直、谦让、诚实、勤奋的优良品德。因而，在我们关注并讲好"中国故事"的视野中，我们不可忽略中华民族的传统美德,它诠释的是人性的美丽,蕴含的是至真的哲理。这些故事的主题和经验教训具有普适性的借鉴意义和参考价值,可以对不同国界、不同文化的读者在为人处世、生活学习等方面给予启示。

作为一名教授和研究中国文学和文化的教师,我深切地感受到承担文化传承与创新的历史责任和使命。因此,聚焦中国传统文化,挖掘传统文化中最有价值、最具普适性精神内涵的精品,是我思考和从事华文教育教学工作和研究的一个重要维度。因为通过重现和阅读它们,我们得到的不仅是语言,或是美学上的享受,更能从中对中华文化、中国形象有更为深刻的认识。

在书稿即将付梓之时,在此,我要向一直关心和支持我的领导、师长、亲友深表感谢。衷心感谢学校、学院各级领导和同事们。在学校这一大家庭中,我深深感受到团结友爱、相互关心帮助的和谐与温情。衷心感谢浙江大学出版社的包灵灵女士、宋旭华先生等人,对本书进行了精心指点,提出了宝贵的建议;衷心感谢泰国宋卡王子大学的林桃源、陈美琳、温玛丽、蔡青青、萧丽华、明明等34名同学,她们对我设计的关于文学经典鉴赏、汉语学习认知的调研工作不辞繁难地积极参与、乐在其中;感谢刘金程先生等人谋划、绘制了本书插图;我校汉语国际教育专业的学生施育恒、石政、刘林搜集、整理了相关资料,方莉、刘星雨、邹国栋、孙怡对文稿做了校对工作，在此一并感谢。

我还要衷心感谢我的父母、哥嫂，他们宅心仁厚，安分守己和勤勉耐苦的美德，深深地影响并塑造了我。同时，我还要感谢我的爱人和我的小宝贝。有爱才有家，有家才有梦，有梦才能走更远。感谢所有亲友的一路陪伴，他们的不离不弃，使我克服一个个难题，坚持不懈地努力与前行。

本书选录的美德故事，基本上是流传久远，普通老百姓耳熟能详的经典故事。我们希望这些故事能重述给不同国界、不同文化、各个年龄段的读者。由于时间仓促，难免会有疏漏和错误之处，敬请各位专家学者不吝批评指正。希望在未来听取各方面的意见后，能有机会对本书加以修订。

李火秀

2017 年 12 月 15 日

Postscript

China is a country of ceremonies with a long history, splendid culture and ancient civilization. It enjoys a high reputation in the world, because it always gives prominence to virtues including morality, rite and integrity which are the root and foundation for the Chinese nation's survival and development. Virtues like patriotism spirit—every man alive has a duty to his country, dedication spirit—respect for one's job as well as public business comes before private affairs, heroic spirit—regardless of personal danger, do bravely what is righteous, social ideals—be benevolent and care for the mass, life attitude—work hard and persevere in unremitting self-improvement, are still shining brightly to inspire us to value personal cultivation with a strong sense of social responsibility and positive attitude.

"To see a world in a grain of sand, and a heaven in a wild flower." Numerous outstanding Chinese have appeared, from ancient to modern times, like the patriotic Yue Fei, Fan Zhongyan who cared for their country and people, the upright Wen

Tianxiang, the filial Hua Mulan who joined the army for his father, the brave Wang Zhaojun who married to the chieftain of Xiongnu people for peace, the diligent Wang Mian and Wang Xizhi, etc. They are all regarded as the moral models whose noble characters have become the spirit motivation that inspires people to set up great expectations since childhood to grow into benevolent, kind, righteous, humble, honest and hard-working adults. When talking about the "Chinese Story", we cannot neglect the traditional virtues with universal meanings and values which can give inspiration to readers from different countries and cultures on life and study, as those treasured virtues reveal the beauty of humanity and the philosophy of truth.

As a professor and scholar of Chinese literature and culture, I deeply feel my responsibility and mission to inherit and innovate the Chinese culture. Therefore, focusing on Chinese traditional culture and exploring the most valuable and universal instructive spirit has become my vital research and teaching domain. We can not only get linguistic or aesthetic enjoyment from reproducing and reading these stories, but also have a deeper understanding of the Chinese culture and image.

Now the book is going to be published, and I want to extend my sincere gratitude to my dear leaders, teachers and friends who have been supporting me all the time. I would like to thank leaders and colleagues in my university and college for their help and care in providing me with such a friendly, caring and harmonious atmosphere. Heartfelt thanks also go to Ms. Bao Lingling and Mr. Song Xuhua from Zhejiang University Press for their meticulous guidance and valuable suggestions. I'm grateful for the following 34 students from Prince of Songkla University in Thailand, Lin Taoyuan, Chen Meilin, Wen Mali, Cai Qingqing, Xiao Lihua, Ming Ming and so on, for their cooperation in my survey on classic literature appreciation and Chinese learning cognition. Thanks go to Liu Jincheng for drawing illustrations for this book and Shi Yuheng, Shi Zheng, Liu Lin, students majoring in Teaching Chinese to Speakers of Other Languages, for doing me a great favor by collecting and sorting out documents. Gratitude goes to Fang Li, Liu Xingyu, Zou Guodong and Sun Yi, students of our program, for their proofreading of this book.

I also want to thank my parents, brother and sister-in-law because their kindness and diligence have influenced and made me who I am. I want to show my gratitude to my husband and my three and a half-year-old baby daughter as well. Where there is love, there is home. A lovely home motivates one to dream and achieve it. Thanks go to all the relatives and friends for their companion which has helped me overcome challenges one by one and kept me moving forward.

Postscript

Chinese virtue stories selected in this book are the best-known, classic and household ones. We hope these stories can be told to readers from different nations, with different cultures and in different ages. Due to the limited time, there may be many careless omissions and errors, and we sincerely expect that experts and scholars would provide their advice. We hope that in the future there is a chance for us to revise this book after receiving comments and advice.

Li Huoxiu

December 15, 2017

图书在版编目(CIP)数据

中国经典美德故事/李火秀,邓琳编著.—杭州:浙江大学出版社,2018.6

ISBN 978-7-308-17765-8

Ⅰ.①中… Ⅱ.①李…②邓… Ⅲ.①故事—作品集—中国 Ⅳ.①I247.8

中国版本图书馆 CIP 数据核字（2017）第 326204 号

中国经典美德故事

李火秀 邓 琳 编著

责任编辑	包灵灵
责任校对	董 唯
封面设计	杭州林智广告有限公司
出版发行	浙江大学出版社
	（杭州市天目山路 148 号 邮政编码 310007）
	（网址：http://www.zjupress.com）
排 版	杭州林智广告有限公司
印 刷	浙江新华数码印务有限公司
开 本	889mm×1194mm 1/32
印 张	7.75
字 数	226 千
版 印 次	2018 年 6 月第 1 版 2018 年 6 月第 1 次印刷
书 号	ISBN 978-7-308-17765-8
定 价	35.00 元